한비자,
제국을 말하다

고전오디세이 07

한비자, 제국을 말하다

정천구 지음

산지니

머리말

독일의 철학자 칼 야스퍼스는 기원전 800년에서 기원전 200년 사이를 후대 인류에게 지속적으로 영향을 끼친 사상들이 대거 등장한 시기로 보아 '축의 시대'라 명명했다. 이 시기 동아시아에서는 중국에서 유가와 법가, 도가, 묵가 등등의 학파들이 등장해서 서로 다투듯이 저마다 사상의 꽃을 피웠다. 이를 두고 '백가쟁명(百家爭鳴)' 또는 '백화제방(百花齊放)'이라 부르기도 한다.

'축의 시대' 이후로 인류의 생활사는 엄청난 변화를 겪었다. 그런데 그 시대 이후로 2천여 년 동안 수많은 지식인들과 사상가들이 등장했어도 이 시대를 훌쩍 뛰어넘는 사상적 창조는 이루지 못했다. 오늘날 서구의 철학들도 그 시기의 중국 사상, 즉 유가나 도가의 사상을 재조명하거나 응용하고 있는 실정이다.(불교는 두말할 것도 없다.) 어떻게 해서 그 시기에 그런 대단한 사상들이 쏟아져 나왔을까? 아마도 그 시기에 인류의 문명이 전반적이고 총체적인 변혁을 겪었기 때문이리라. 거대한 물질문명의 변혁이 사상의 창조를 불러왔던 것이다.

그런데 흥미로운 것은 왜 그토록 다양한 사상들이 쏟아져 나와야만 했을까 하는 점이다. 한두 가지 철학이나 사상이면 충분하지 않았을까? 그렇지 않다. 어떠한 언어나 논리도 대상을 통짜로 담아내지 못하듯이 어떠한 철학이나 사상도 그 시대의 온갖 문제들을 한꺼번에 해결해주지는 못하기 때문이다. 더구나 세상의 변화나 시세의 흐름을 보는 시각이 사람마다 다르고, 사람마다 시각이 다르므로 대응하는 방식들도 각기 다를 수밖에 없으니, 어쩌면 '축의 시대'에 등장한 그 철학들과 사상들로도 모자랐다고 해야 하리라. 간단히 말하자면, 철학이나 사상에서도 '만병통치약'은 없다.

어떤 특정한 철학이나 사상도 만병통치약이 될 수 없다고 한다면, 한 시대의 문제들을 파악하고 해결하려 할 때 어느 하나를 고집한다는 것은 그만큼 아집과 독선에 빠질 수 있다는 뜻이 된다. 그리고 인류의 역사를 통해 보건대, 참으로 그러했다. 조선의 지식인들이 성리학을 천하를 보는 유일한 창문으로, 성리학을 모든 문제의 유일한 해법으로 보다가 시세의 변화와 다양성을 놓치며 쇠락을 재촉한 것을 보라. 그뿐만 아니라 21세기가 된 지금에도 그러한 인식과 사유가 여전히 영향을 끼치고 있지 않은가. 그래서 공자와 맹자를 주로 거론하고, 묵자나 한비는 아주 드물게 거론하고 있는 것이다. 어디 그뿐인가. 순자조차 좀체 언급하지 않는다. 게다가 서구의 철학만 철학이라고 여기는 이들도 있으니, 철학이나 사상에서 한국은 지독한 아집과 독선으로 사유의 빈곤을 겪고 있는 셈이다.

자본주의와 더불어 시작된 근대는 저 '축의 시대'만큼이나 거대한 변화가 지속되고 있는 시대다. 더구나 정치와 경제, 문화 모든 분야에서 개인과 사회, 국가 들이 끊임없이 서로 영향을 주고받는 관계에 있어 온 세계가 하나의 그물망처럼 얽히고 있다. 그러니 불거지는 문제들도 결코 단순하지 않고, 적지도 않다. 이를 어찌 특정한 철학이나 사상만으로 파악하고 해결할 수 있겠는가? 공자도 맹자도 필요하고, 상앙도 한비도 긴요하며, 노자도 묵자도 데려와야 한다. 아니, 플라톤과 칸트도 필요하고, 알 가잘리와 이븐 할둔도 긴요하며, 상카라와 라마누자도 데려와야 한다. 우리 역사에서는 원효를 부르고 지눌도 부르고 최한기도 데려와야 한다. 어찌 한 사상가, 한 철학에 매여서 "대롱으로 하늘을 보는 짓"을 할 것인가? 그러고서야 총체적인 난제를 들여다보기나 할 수 있을까?

4년 전에 나는 '맹자, 현대 도시를 거닐다'라는 제목을 내걸고 『맹자』를 통해 이 시대를 비판하며 대안을 모색했다.(2011년 3월부터 12월까지 신문에 연재했고, 이를 좀 다듬어 『맹자독설』이라는 책으로 내놓았다.) 당연히 그것만으로는 턱없이 부족했다. 올해 다시 '한비자, 제국을 말하다'는 제목을 내걸고 한비의 시선으로, 『한비자』를 끌어와서 이 시대를 들여다본 것도 그때의 부족함이나 치우침을 조금이나마 보완하려는 뜻에서 저지른 일이다.(역시 같은 신문사에서 2015년 3월부터 2015년 8월까지 총 24회 연재했다. 24~26장은 새로 써서 이 책에 덧붙인 글들이다.) 유가의 맹자와 법가의 한비는 서로 보완관계에 있는 사상가지만, 둘을 다 끌어와도 여전히 이 혼탁하고 복잡한 세상을 오롯하게 다 보게 해주지는 못한다. 그러나 이 시대를 찬찬히 들여다보기 위한 실마리는 될 것이다.

아마도 이 책의 글들에는 『한비자』와 상충되는 해석이나 내용들도 있으리라 여겨지지만, 그렇다고 왜곡했다고 생각하지 않는다. 한비가 그러했듯이 나 또한 『한비자』를 맹목적으로 답습하지 않고 현재를 보는 꼬투리로 삼으며 재해석했기 때문이다. 독자 여러분도 그렇게 이 책을 이 시대의 갖가지 현상들과 문제들을 보는 꼬투리로 삼기 바란다.

나는 이 책과 거의 동시에 『한비자』를 완역했다. 원전을 번역한 그 책과 실제로 활용한 이 책은 동시에 나올 것이다. 이 또한 꽤 의미 있는 일이라 생각한다. 이 둘을 함께 내기로 해 준 산지니 출판사의 강수걸 사장께 감사드린다. 그리고 늘 그렇듯이 멋들어지게 책으로 꾸며준 편집부 여러분께도 감사드린다.

2015년 12월 30일, 금정산 자락 낙서재에서

정천구 쓰다

차례

01

한비, 그는 누구인가

진(秦)나라 왕은 누군가가 진나라에 퍼뜨린 「고분(孤憤)」과 「오두(五蠹)」 두 편의 글을 읽고는 이렇게 탄식했다.

"아, 과인이 이 글을 쓴 사람을 만나 사귈 수만 있다면 죽어도 한이 없겠다!"

그때 곁에 있던 이사(李斯)가 말했다.

"이는 한비(韓非)가 지은 글입니다."

이에 진나라 왕은 서둘러 한(韓)나라를 쳤다.

이는 사마천(司馬遷)이 저술한 『사기(史記)』의 「노자한비열전(老子韓非列傳)」에 나오는 한 대목이다. 여기 나오는 진나라 왕은 훗날 천하를 통일하여 중국 최초로 통일제국을 건설하고서 스스로 전대미문의 업적을 이루었다고 자부하며 '최초의 황제'를 자칭한 진시황(秦始皇, 기원전 259~210)이다. 진시황은 성은 영(嬴)이고 이름은 정(政)이다. 이 영정이 한비를 만나려고 서둘러 한나라를 쳤다는 표현은 한비의 글이 그만큼 매혹적이고 흡입력이 있었음을 의미한다. 즉, 혼란이 극심했던 시대에 부국강병과 통일의 야망을 품은 군주의 마음을 단박에 사로잡을 만큼 한비의 글에는 통찰력이 있었다는 뜻이다. 이런 한비를 이사(李斯, ?~기원전 208)가 소개했다.

이사는 초나라 출신이다. 그는 젊을 때 하급 관리로 있었다. 어느 날, 자주 놀라서 무서워하는 변소의 쥐와 곡식을 배불리 먹으며 사람이나 개를 안중에도 두지 않는 곡식 창고의 쥐를 보고는 "사람이 어질다거나 못났다고 하는 것은 마치 이런 쥐와 같아서 자신이 처한 환경에 달렸을 뿐이로구나!"라며 탄식한 뒤 야심을 품고 길을 나섰다. 이윽고 당대 최고의 학자인 순경(荀卿), 곧 순자(荀子)를 찾아가서 3년여 동안 천하를 다스리는 제왕의 학문을 배웠다. 공부를 마친 뒤에 서쪽 진나라로 가서는 당시의 권력자였던 여불위(呂不韋, ?~기원전 235)를 만났고, 여불위는 그를 현명한 사람으로 여겨 왕에게 추천했다. 이리하여 이사는 진나라 왕을 섬기며 천하를 평정하여 진나라가 중국 최초로 제국을 이루고 제국의 질서와 제도를 정립하는 데 기여했다. 진나라 왕이 읽은 「고분」과 「오두」의 저자가 한비인 줄 알았던 것은 함께 순자를 스승으로 섬겼기 때문이다.

여러 사상을 융합한 법가 사상가

대체 두 편의 글 내용이 어떠했기에 진나라 왕은 그렇게 탄식했으며 또 곧바로 그를 만나려고 전쟁을 일으켰는가? 실제로는 한비 때문에 한나라를 친 것이 아니다. 기록에 따르면, 한나라를 치기 전에 한비를 먼저 만났다. 기원전 234년부터 진나라는 조나라를 공격하여 땅을 빼앗기 시작했는데, 이에 위기를 느낀 한나라에서 먼저 한비를 사신으로 보낸 것이다. 기원전 233년의 일이다. 이는 『사기』「진시황본기」에도 나오는 내용이다. 이를 사마천이 열전에서 좀 극적으로 꾸몄을 뿐이다.

역사란 객관적이고 엄정하게 서술해야 하며 주관이 개입해서는 안 된다고 여기는 오늘날 사람들이 볼 때는 심각한 월권행위로 여겨질 수 있겠으나, 근대 이전에는 역사와 문학의 간극이 그리 크지 않았음을 감안하고 읽어야 한다. 어쨌든 진나라가 한나라를 치게 된 내력은 뒤에서 다시 말하기로 하고, 한비의 글이 이미 진나라 왕이 읽을 수 있을 정도로 널리 퍼져 있었고 또 그 마음을 사로잡을 정도였다는 사실에 주목하자.

두 편의 글 제목부터 심상치 않다. '고분'과 '오두'라니! "고독한 분노"와 "다섯 가지 좀벌레"를 뜻하기 때문이다. 왜 홀로 분노했으며, 무엇 때문에 분노했는가? 또 다섯 가지 좀벌레는 누구를 가리키는가? 이를 자세히 알려면 저자인 한비에 대해 먼저 알아야 한다.

한비의 출생과 행적에 대해서는 알려진 바가 거의 없다. 사마천이 열전에서 언급한 것이 고작인데, 그나마 그것도 한비 자신이 지은 『한비자(韓非子)』의 내용에서 끌어온 것이 대부분이다. 『한비자』에서는 거론되지 않고 「노자한비열전」에만 언급된 내용을 보면 아래와 같다.

"한비는 한(韓)나라의 여러 공자 가운데 한 사람이다. 형명(刑名)과 법술(法術)의 학문을 좋아했으나, 그 학문의 근본은 황로학(黃老學)이었다. 날 때부터 말을 더듬어 유세는 잘하지 못했으나, 글은 매우 뛰어났다. 젊을 때 이사와 함께 순경(荀卿)을 스승으로 섬겼다."

여기서 말한 형명과 법술은 법가(法家) 사상의 요체에 해당한다. 한비 이전에 이미 여러 법가 사상가들이 활약하면서 법가의 효용성과 가치를 입증했는데, 상앙(商鞅, ?~기원전 338)과 신불해(申不害, ?~기원전 337), 신도(愼到, ?~기원전 315) 등이 대표적인 인물들이다. 이들은 각기 법(法), 술(術), 세(勢)를 강조했다. 법은 상벌과 제도를, 술은 군주가 신하를 제어하는 기술을, 세는 권세나 위세를 뜻한다. 한비자는 이들의 학설을 모두 받아들여서 한층 더 발전시키며 집대성했다.

그런데 기존의 법가 사상만을 집대성한 것이 아니다. 사마천도 언급했듯이 그의 학문에는 황로학, 즉 황제(黃帝)와 노자(老子)의 학문이 바탕에 깔려 있다. 이 황로학은 한대(漢代) 초기에 유행한 학문이고 황제는 중국 고대의 전설에 나오는 임금이기 때문에 실질적으로는 노자의 『도덕경(道德經)』에서 영향을 받았다고 보는 것이 타당하다. 이는 『한비자』에 최초의 『도덕경』 해석으로 볼 수 있는 「해로(解老)」와 「유로(喩老)」 두 편이 있는 데서도 확인된다. 또 순자에게 배운 덕분인지 유가적 사유도 수용하고 있다. 이렇듯 『한비자』에는 매우 다양한 학파의 사상들이 혼융되어 있으므로 한비는 당시에 널리 유행하던 여러 학파의 사상을 두루 아우르고 융합한 사상가로 볼 수 있다.

한비가 이렇게 다양한 학문을 익혔던 것은 조국인 한나라를 일으켜 세우려는 열망 때문이었을 것으로 짐작된다. 당시 전국칠웅(戰國七雄), 곧 진(秦) · 한(韓) · 위(魏) · 조(趙) · 연(燕) · 제(齊) · 초(楚) 등의 세력 판도를 지도로 보라. 한비의 조국은 칠웅에 포함시키기에는 부끄러울 정도로 좁은 영토를 차지하고 있을 뿐만 아니라 바로 곁에는 가장 강성한 진나라를 두고 있어 그야말로 풍전등화(風前燈火)의 위태로운 상황에 놓여 있었음을 알 수 있다. 물론 한나라가 처음부터 이러했던 것은 아니다.

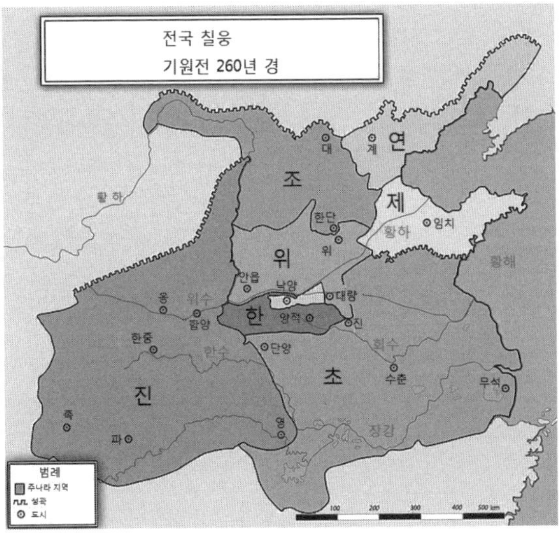

한나라도 한때는 다른 제후국들과 견주어도 손색이 없을 정도로 위세를 떨친 적이 있다. 소후(昭侯)가 신불해를 재상으로 기용하고 있었던 때다. 신불해가 재상으로 있던 15년 동안 한나라는 제대로 다스려지고 군사력도 막강하여 감히 쳐들어오는 나라가 없었다고 한다. 그러나 군주가 신하를 제어하는 기술인 술(術)에만 기대고 법령을 정비하거나 제도를 확고히 하는데 힘쓰지 않았던 탓에 신불해가 죽고 소후가 세상을 떠나자 오래지 않아 국력은 쇠약해졌다. "어떤 나라든 늘 강하지 않고 또 늘 약하지도 않다. 법을 받드는 일이 강력하면 나라도 강해지고, 법을 받드는 일이 미약하면 나라도 약해진다"(「유도(有度)」)는 이치를 간과했던 것이다.

조국을 향한 고독한 분노

"한나라가 진나라를 섬긴 지 30여 년이 되었습니다. 밖으로는 방패막이 구실을 하고 안으로는 자리깔개의 구실을 하며 진나라를 편안하게 했습니다. 진나라는 정예군을 출동시켜 한나라의 영토를 가져갔으며 한나라는 그 명을 따랐을 뿐입니다. 그리하여 천하 제후들의 원망은 한나라에 쏟아졌으며, 그 공적은 모두 강한 진나라로 돌아갔습니다."

한비가 진나라 왕에게 올린 글인 「존한(存韓)」의 첫 대목이다. 「존한」은 말 그대로 "한나라의 패망을 막고 그 사직을 보존하기 위해 쓴 글"이다. 그 첫머리에 이런 내용을 써야만 했으니, 그때 한비의 심경은 얼마나 참담했을까?

한비의 「존한」을 읽은 왕이 누구냐에 대해서는 논란이 있으나, 영정으로 보는 것이 타당하리라 생각한다. 영정은 기원전 247년에 열세 살의 나이로 왕위에 올랐다. 나이가 어렸기 때문에 나랏일을 대신들에게 맡겼는데, 실제로는 생모인 조희(趙姬)와 재상인 여불위(呂不韋)가 실권을 쥐었다. 어린 왕은 재위 9년째(기원전 238년)에 관례를 치르고 칼을 차면서 비로소 실권을 쥐었다. 이때 생모 조희의 총애를 받으면서 막강한 권세를 휘두르며 진나라를 어지럽히고 있던 노애(嫪毐)가 반란을 일으켰다. 영정은 군사를 일으켜 노애를 붙잡아 효수형(梟首刑, 목을 베어 높은 곳에 매다는 형벌)에 처했다. 이어 노애를 생모에게 소개한 여불위를 압박하여 자살하게 만들었다. 이리하여 진나라의 권력을 완전히 장악한 영정은 천하 통일의 기운이 무르익었음을 감지하고 대장정에 나섰다. 그 대장정은 동북 지역의 강자였던 조나라에서 시작하기는 했으나, 첫 번째 제물은 당연히 이웃해 있던 한나라였다. 기원전 233년, 위기를 느낀 한나라에서는 사신으로 한비를 진나라에 보냈다. 한비가 「존한」을 써서 올린 것은 이때일 것이다.

한비는 「존한」에서 진나라로서는 가장 위협이 되는 조나라를 치는 것이 급선무이며, 가장 약한 한나라는 이미 진나라에 복속된 상태나 마찬가지이므로 그냥 내버려두어도 아무런 탈이 없다는 것을 조목조목 따지며 논했다. 진나라가 조나라를 경계하고 있다는 사실을 알아채고 이렇게 주장한 것이다. 그러나 한비는 이미 알고 있었다. 진나라가 조나라를 먼저 치든 한나라를 먼저 치든 결국 한나라는 멸망할 것이라는 사실을. 그가 고작 할 수 있는 일이라고는 멸망의 시기를 늦출 수 있는 한 늦추는 것뿐이었다.

한비는 이미 한나라의 땅이 나날이 줄어들고 국력이 약해지는 것을 보고 왕 한안(韓安)에게 여러 차례 글을 올려 간언했었다. 그러나 왕은 받아들이지 않았다. 그뿐만 아니라 왕은 법과 제도를 정비하거나, 권세를 확고하게 잡아서 신하들을 제어하거나, 부국강병을 이루기 위해 인재를 구하고 현명한 자를 임명하거나 하는 일들에는 힘쓰지 않고, 도리어 경박하고 음흉한 좀벌레 같은 자들을 기용하여 공로와 실적이 있는 자보다 윗자리에 앉혔다. 한비의 계책이 좀체 받아들여지지 않은 것도 당연한 일이었다. 그리하여 홀로 조국의 위기를 걱정하고 울분을 토하며 쓴 글이 「고분」이다. 그 글에서 한비는 이렇게 썼다.

"법술에 정통한 선비는 군주에게 등용되려 해도 군주의 신임이나 총애를 받을 만한 친분도 없고 오래도록 가까운 사이도 아니다. 게다가 이미 아첨에 익숙하고 치우친 마음을 지닌 군주를 법술의 논리로써 바로잡으려 하면, 군주의 심기를 거스를 뿐이다. 이런 선비는 지위는 낮고 신분은 미천하며 패거리도 없어 고독하기만 하다.

군주와 사이가 먼 자가 군주 가까이서 총애와 신임을 받는 자와 다투면 이길 수 없고, 새로 찾아온 자가 군주를 오래도록 가까이한 자와 다투면 이길 수 없고, 군주의 뜻을 거스르는 자가 군주의 비위를 잘 맞추는 자와 다투면 이길 수 없고, 경시받는 미천한 자가 권세 있는 귀한 자와 다투면 이길 수 없고, 한 사람의 목소리로 온 나라가 칭송하는 자와 다투면 이길 수 없다. 법술을 익힌 선비는 이렇게 다섯 가지 이길 수 없는 형세에 있으므로 여러 해가 지나도록 군주를 만나보지 못한다."

한비가 허망하게 죽은 이유

한비는 잠시나마 한나라의 멸망을 늦추려 애썼으나, 그조차 이루지 못했다. 도리어 이사와 요가(姚賈)에 의해 모함을 받고 위태로운 처지가 되었다. 그들은 왕에게 진언했다.

"한비는 한나라의 여러 공자 가운데 한 사람입니다. 지금 왕께서 제후들을 병탄하려 하시는데, 결국 그는 한나라를 위해 일하지 진나라를 위해 일하지는 않을 것입니다. 이제 왕께서 그를 쓰지 않고 오래 머물게 했다가 돌려보낸다면 스스로 우환을 남기게 됩니다."

왕은 이를 받아들였고, 한비는 이사가 보낸 독약을 먹고 죽었다. 사마천은 "나는 한비가 유세의 어려움에 대해 글을 써놓고도 그 자신은 그 덫에서 벗어나지 못한 것을 슬퍼한다"고 말하며 안타까움을 드러냈다. 한비가 쓴 「세난(說難)」이라는 글을 두고 이렇게 평한 것이다. 물론 한비가 유세를 잘못해서 죽었다고 말할 수도 있고 또 다른 이유로 죽었다고 말할 수도 있겠으나, 무엇보다도 그의 뛰어난 학문과 끝까지 떨쳐버리지 못한 조국애 때문에 죽었다고 나는 본다.

기라성 같은 인물들을 거느리고 중국 최초의 통일 제국을 이룩한 진시황의 식견과 능력은 역대 그 어떤 황제도 견주지 못할 정도로 뛰어났다. 그런 그가 한비의 글을 읽고 그토록 만나기를 바랐다가 결국 죽게 내버려둔 이유는 대체 무엇일까? 또 이사와 요가가 그를 죽음으로 내몬 이유는 무엇일까? 그건 한비가 작게는 부국강병을 이루고 크게는 통일 제국을 이루기에 넉넉한 식견과 책략을 지녔다고 보았기 때문이리라.

그리고 또 한비는 당시 다른 책사나 종횡가들과 달리 끝까지 조국의 안위를 걱정하며 조국을 떠나지 않은 사상가였다. 이사나 요가를 보라. 이사는 초나라 출신이고, 요가는 위(魏)나라 출신이었다. 그뿐만 아니라 진나라에서 활약하며 공을 세운 이들 상당수가 다른 나라에서 온 인물들이었다. 말하자면 당시 사인(士人)들은 자신을 알아주고 기용해주는 나라에서 그 군주를 위해 헌신하는 것을 당연하게 여겼다.

따라서 끝까지 조국 한나라를 버리지 못한 한비가 당시에는 오히려 기이한 인물인 셈이다. 결국, 한비는 자신을 알아주지 않고 써주지도 않는 조국을 위해 안간힘을 쓰다가 독약을 먹기에 이르렀던 것이다. 조국의 멸망을 보지 않을 수 있었던 것, 그것이 그나마 위안이 되었다고나 할까.

21세기 현재, 동아시아의 지도에서 한국의 위치를 보라. 저 한비의 나라와 참으로 흡사하지 않은가? '한(韓)'이라는 국명까지 똑같다! 우리가 진정 강국을 이루어 통일을 지향한다면, 새로운 시선이 필요하지 않겠는가?

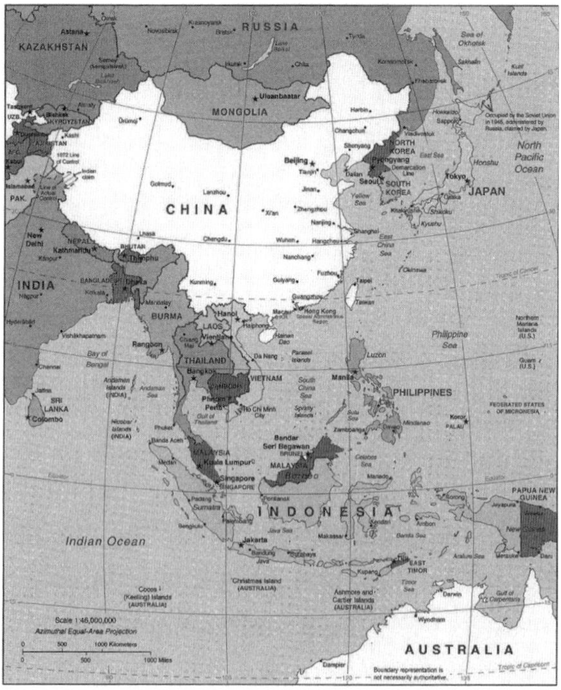

02

왜 지금 제국을 말하는가

백호(白湖) 임제(林悌, 1549~1587)는 기개가 호방하여 예법의 구속을 받지 않았다. 그가 병이 들어 죽음에 이르자 여러 아들들이 슬피 부르짖었다. 이에 그는 "사해(四海) 안의 모든 나라가 황제를 일컫지 않은 자가 없거늘, 유독 우리나라만이 예부터 그렇게 하지 못했다. 이런 비루한 나라[陋邦]에 살다 가는데, 그 죽음을 애석하게 여길 것이 뭐 있겠느냐?"라고 말하고는 곡을 하지 말라고 명하였다. 그는 또 평소에 우스갯소리로 "내가 만약 오대(五代)나 육조(六朝) 같은 시대에 태어났다면 아마도 돌림천자[輪遞天子, 돌아가면서 하는 천자]쯤은 충분히 되고도 남았을 것이다"라고 하였다.

조선의 실학자 이익(李瀷, 1681~1763)의 저술인 『성호사설(星湖僿說)』(제9권)에 실려 있는 이야기 한 토막이다. 잘 알려져 있다시피 이익은 성리학적 공리공론(空理空論)을 극복하고 사실에 토대를 두어 실질적인 효용이 있는 학문을 하자는 이른바 '실사구시(實事求是)'를 주장하여 실학이라는 새로운 학풍을 연 인물이다. 그런 그가 왜 하필이면 한 세기 전에 죽은 임제가 죽으면서 남긴 말, 즉 '칭제(稱帝, 황제를 일컫는 것)' 한 번 못 해본 비루한 나라에서 태어나 죽는 것은 애석할 게 없다고 한 말을 기록했을까? 또 임제는 왜 황제를 일컫지 않았다고 자신이 살았던 나라를 비루한 나라라고 말했을까?

제국 한 번 못 해본 나라

임제가 죽고 얼마 뒤 일본이 조선을 침략했으니, 임진왜란(1592)이다. 일본군의 파죽지세에 선조(宣祖, 1567~1608 재위)는 서둘러 도성인 한양을 버리고 북으로 몽진(蒙塵)했다. 일본군의 북진만큼이나 빠른 속도로 의주에 이르렀다. 그때 이순신의 수군과 의병들, 그리고 명나라의 군대가 아니었다면 조선은 이내 멸망했으리라.

풍전등화의 위기를 간신히 넘기고 선조를 이어 왕위에 오른 광해군(光海君, 1608~1623 재위)은 동북아시아의 형세를 잘 간파하고 내치에 힘쓰면서 외교적으로 실리를 추구했다. 만주에서 여진족이 후금을 건국하고 조선에 압력을 행사할 때는 국경을 방비하면서 후금과 명나라 사이에서 능란하게 외교적 중립을 유지했다. 그러나 광해군은 서인이 주도한 정변으로 퇴위하게 되는데, 이를 인조반정(仁祖反正, 1623)이라 한다.

'반정'이란 성리학적 기준에서 "옳은 정치로 돌아간다"는 뜻이다. 이것으로 광해군의 통치 방식이 어떠했는지 짐작할 수 있다. 물론 인목대비를 유폐한 일은 성리학과 관계없이 비도덕적인 일이지만, 전반적으로 광해군의 실각은 그의 정치 노선이 성리학과 거리가 있었음을 의미한다. 그렇다면 반정으로 권력을 쥔 세력들은 과연 성리학적 이념 위에서 전쟁의 후유증과 후금의 압박 등 안팎의 위기를 극복할 수 있었는가? 그렇지 않다. 곧이어 정묘호란(1627)과 병자호란(1636)으로 치욕을 겪었던 데서 입증된다. 이쯤 되면, 한비의 경고가 강렬하게 다가온다.

> "세상의 어리석은 학자들은 치란의 본질을 알지도 못하면서 옛날의 책을 많이 외웠다고 시끄럽게 지껄여대며 당대의 통치를 어지럽힌다. 또 지혜와 사려가 부족해서 그 자신조차 재앙의 함정을 피하지 못하면서 법술을 터득한 사람을 함부로 헐뜯는다. 그런 자들의 말을 들으면 위태로워지고 그들의 계책을 쓰면 어지러워지니, 이야말로 더없이 어리석은 짓이며 지독한 우환이 되는 일이다. 그들은 법술을 터득한 선비와 마찬가지로 담론과 유세에 뛰어나다는 이름을 얻지만, 그 실질에서는 하늘과 땅만큼이나 거리가 있다." ―「간겁시신(姦劫弑臣)」

오랑캐라 몰아붙였던 나라에 치욕을 당했으면서도 조선의 관료들과 지식인들은 하루빨리 부국강병을 이룩해서 치욕을 씻으려 와신상담(臥薪嘗膽)하지 않고 더욱더 성리학적 관념(이데올로기)에 매몰되어 갔을 뿐만 아니라 파당을 지어 권력 싸움으로 국론을 분열시키는 데 여념이 없었다. 성호 이익은 이런 세태가 '제국 한 번 못 해본 나라'에 태어난 탓이라 여겼던 모양이다. 고기도 먹어본 놈이 먹는다고, 제국을 해본 나라가 제국을 꿈꾸지 않겠는가?

대한제국, 이루지 못한 제국의 꿈

정말 우리 역사에서는 제국을 꿈꾼 적이 없는가? 칭제를 한 적이 없는가? 있기는 있다. 바로 '대한제국(大韓帝國, 1897~1910)'이다.

1875년 운양호 사건으로 일본과 강화도조약(1876)을 체결한 조선은 세계 자본주의체제 또는 제국주의의 영향권에 편입되기 시작했다. 쇄국주의를 청산하고 문호를 개방하려는 노력은 있었으나, 집권세력이 외세와 영합하는 바람에 더욱더 정치적 · 경제적으로 예속되는 방향으로 나아갔다. 이윽고 1895년, 왕비인 민씨 세력이 러시아에 접근함으로써 친러시아 세력이 대두하자 일본은 흥선대원군을 이용해 을미사변을 일으켰다. 왕비가 시해되었고, 신변의 위협을 느낀 고종이 러시아공사관으로 피신하였다. 아관파천(1896)이다. 이 무렵에 '칭제'해야 한다는 여론이 비등했고, 관료들과 유생들까지 칭제하라는 상소를 올렸다. 마침내 고종은 원구단(圜丘壇, 천자가 하늘에 제사를 드리는 제단)에서 황제 즉위식을 올리고 국호를 대한제국으로 바꾸었다. 1897년 10월 12일의 일이었다.

이렇게 제국임을 선언하고 칭제를 했으나, 임제가 말한 그 비루함은 조금도 떨쳐내지 못했다. 그것은 진정한 제국을 이룩하고 칭제한 것이 아니었기 때문이다. 청일전쟁(1894~1895)에서 청나라가 패배하여 실질적으로 중국과의 관계가 끊어졌기 때문에 가능했던 일일 뿐이다.

부국이 못되고 강병도 갖추지 못한 나라가 과연 제국이라 불릴 수 있겠는가? 제국을 선언하기만 하면 제국이 된다고 여겼던 것일까? 참으로 그렇게 여겼다면, 정말 가소로운 일이고, 생각하면 생각할수록 처연해진다.

더구나 대한제국은 국민주권체제와는 거리가 먼 황제권의 전제화를 지향했다. 말 그대로 지향했을 뿐이다. 고종은 황제가 되었어도 권력을 제대로 장악하지 못했다. 이렇게 되면 근대적 개혁을 추진하려고 해도 능력 있고 신뢰할 만한 인재를 발탁해서 쓰기가 어렵다. 실제로 그러했다. 이러한 상황은 도리어 조선을 호시탐탐 노리던 일본에 식민지화할 수 있는 기회를 제공해주는 구실을 했다.

1905년 9월 5일, 일본과 러시아는 러일전쟁을 종결짓기 위해 조약을 체결했다. 미국의 중재로 일본의 전권외상 고무라 주타로(小村壽太郎)와 러시아의 전권 재무장관인 세르게이 율리예비치 비테(Sergei Yulievich Vitte) 사이에 전문 15개조의 강화조약이 체결되었는데, 이를 '포츠머스 조약(Treaty of Portsmouth)'이라 한다. 이 조약에는 러시아가 한국에 대한 일본의 지도 · 보호 · 감리 등을 인정한다는 내용이 담겨 있다. 이로써 일본은 한국 보호국화 계획을 국제적으로 승인받았다.

일본정부는 곧 보호조약안을 확정짓고 이토오 히로부미(伊藤博文)를 보내 한국 황제에게 조약 수락을 강요했다. 이토오가 조약을 거부하면 중대한 결과가 올 것이라고 협박하자, 고종은 "나는 그것을 알고 있지만 정부 관료들에게 자문하고 또 인민의 의향을 물어야 한다"면서 미루려 했다. 이에 대해 이토오는 "정부 관료들에게 자문하는 것은 있을 수 있는 일이지만, 인민의 의향을 묻는다는 말은 기괴천만한 일이다. 왜냐하면 귀국은 헌법정치가 아니고 군주전제국이기 때문이다"라고 반박했다.

결국 대한제국은 국민주권체제가 아니었으므로 일본이 대한제국을 보호국으로, 나아가 식민지로 만드는 절차를 밟을 때 황제의 재가와 내각의 동의만 있으면 충분했다.(물론 이 모두 억지요 강요이며 횡포였으니, 대한제국이 어떤 체제였더라도 결과는 마찬가지였으리라.) 이 때문에 일본 측은 황제를 협박하고 대신들을 매수하는 일만으로도 보호조약을 맺을 수 있었으니, 이것이 을사늑약(1905)이다. 이때 을사늑약에 서명한 다섯 대신, 박제순 · 이지용 · 이근택 · 이완용 · 권중현 등을 '을사오적(乙巳五賊)'이라 부른다. 한비의 경고가 절로 떠오른다.

> "군주의 이로움은 유능한 자를 임용하는 데 있고, 신하의 이로움은 무능한데도 자리를 차지하는 데 있다. 군주의 이로움은 공을 세운 자에게 작위와 녹봉을 주는 데 있고, 신하의 이로움은 공이 없는데도 부귀를 차지하는 데 있다. 군주의 이로움은 호걸에게 능력을 발휘하도록 하는 데 있고, 신하의 이로움은 붕당을 지어 자기 패거리를 기용하는 데 있다. 이로 말미암아 나라는 영토가 깎이고 있는데도 세도가의 집안은 부유해지고, 군주는 비천해지는데도 대신들은 세도가 막강해진다. 군주가 세력을 잃고 신하가 나라를 얻으면 군주의 명칭은 번신(藩臣)으로 바뀌고, 상국(相國)이 군주의 권력을 대신 행사하며 호령을 내린다." —「고분(孤憤)」

제국의 시대는 진행형이다

고종이 국왕이었을 때나 황제였을 때나 실상은 달라지지 않았다. 왕비인 민씨 세력과 흥선대원군 세력의 다툼으로 외세를 불러들인 일에서부터 을사오적이 일제에 매수되어 나라를 팔아먹은 일까지 모두 군주의 권력을 신하들이 사사로이 휘두르면서 비롯된 일이라 해도 과언은 아니다. 이렇게 황제가 권세를 잃고 대신들이 이익을 붙좇는 지경에 이른 결과, 1907년에 고종은 일제의 강요에 의해 퇴위하게 되었고, 1910년에 대한제국은 일본의 완전 식민지로 전락하였다. 그리하여 대한제국의 황제는 한낱 '이태왕(李太王)' 또는 '이왕(李王)'으로 불리는 처지가 되었다. 이완용을 비롯한 친일파 인물들은 일본으로부터 작위와 함께 '은사금'을 받았다. 한비가 말한 그대로 나라는 멸망하고 군주는 변신이 되고 대신들은 부유해진 것이다.

대한제국이 일본의 식민지가 되었어도 국제 사회는 일본에 우호적이었다. 미국 정부는 "일본의 한국에서의 행정이 매우 선의에 차 있고 한국민의 행복을 위하여 힘쓰고 있는 흔적이 역력하다"고 했고, 영국 정부는 "일본이 한국에서 그 세력을 증가시키는 데 대해 영국 정부는 하등 반대할 이유가 없다"고 했다. 이는 힘의 정치가 지배하는 세계에서는 당연한 반응이었다. 더구나 제국주의가 팽배하던 시대가 아니던가.

그렇다면 그로부터 백 년이 지난 오늘날은 한국과 세계의 상황이 달라졌는가? 대한제국과 달리 지금 한국은 진정한 자주국가라고 말할 수 있는가? 지금 세계는 힘의 정치가 아닌 덕의 정치가 지배하고 있는가? 안타깝게도 그렇다고 말할 수가 없다. 무엇보다도 백 년 전처럼 우리는 지금도 여전히 제국들의 틈바구니에서 버둥질하면서 허둥대고 있다.

집단자위권을 행사하려는 일본과 이미 미국과 더불어 G2로 불리며 신중화주의를 강화하는 중국을 보라. 한 번 제국을 경험한 나라는 다시 제국을 꿈꾼다. 미국과 러시아까지 이 한반도를 둘러싼 제국들이 엄연한 지금, 우리는 어떻게 대응해야 할 것인가? 우리도 제국의 길을 가야 한다. '제국주의'가 아닌 '제국'이다. 『한비자』에 주목하는 이유가 여기에 있다.

03

강병의 길을 가고 있는가

2010년 3월 26일 오후 9시 즈음, 백령도 근처 해상. 갑자기 밤바다에서 섬광과 함께 강력한 폭발음이 울리면서 104명의 승조원을 태우고 통상적인 경계임무를 수행하던 해군 초계함 천안함이 선체가 두 동강이 나면서 침몰했다. 장병 46명이 죽었다. 전쟁 상황이 아니었다는 점에서 참으로 어처구니없는 침몰이요 허망한 죽음이었다. 그래서 더욱 더 가슴이 저민다.

그런데 나는 천안함 침몰을 떠올리며 우리나라가 과연 강병(强兵)의 나라인지 또는 강병의 나라로 가고 있는지 의문이 들었다. 아니, 정확하게는 결코 강병의 나라에 근접해 있지 못하다는 사실, 그 오랜 세월

동안 지속적으로 엄청난 국방비를 쏟아부었으면서도 강병의 기미조차 없다는 사실을 다시금 인식했다고 해야 옳을 것이다. 이 비극에 대해 책임을 통감하고 옷을 벗은 장성이 없었다는 사실과, 침몰한 천안함이 적의 습격에 대비하여 배치되어서 경계하는 초계함이라는 사실에 더하여 시시때때로 터지는 방산비리는 단순한 의문을 넘어 의아스러울 지경이다. 그리고 나는 이것이 그저 국방부의 문제에서 그치는 게 아니라 우리 사회 전체의 구조적 모순과 부조리와도 깊이 연관되어 있다고 생각한다.

전쟁사 연구로 유명한 마이클 하워드(Michael Howard)는 "한 나라의 군사체제는 그 사회체제의 한 독립된 부분이 아니라 그 전체성의 한 국면이다"라고 말했다. 군사체제가 폐쇄적으로 존재하고 운용될 것이라는 생각은 착각이라는 말이다. 군사체제는 그 나라의 정치와 제도, 운용방식 등을 그대로 보여주는, 일종의 국가의 축소판이라는 뜻이다. 그렇게 보자면, 지금 우리 군대 내에서 일어나는 일들이 이 사회 곳곳에서 벌어지고 있는 일들을 그대로 보여주고 있는 것이라 해도 과언은 아니다.

천안함은 누가 침몰시켰는가

우리는 4백 년 전에도 훌륭한 지휘관이 있고 없음의 차이, 미리 대비하느냐 하지 못하느냐에 따라서 전란의 추이가 얼마나 달라질 수 있는지에 대해 뼈저리게 경험했다.

1590년 4월 29일, 조선 조정은 일본에 통신사로 황윤길(黃允吉)과 김성일(金誠一) 등을 보냈다. 1591년 1월에 귀국한 황윤길과 김성일은 3월에 전쟁에 대해 서로 다른 보고를 했다. 당시 조정은 집권세력인 동인과 서인의 갈등으로 혼란했는데, 황윤길은 서인이고 김성일은 동인이었다. 두 사람으로부터 각기 다른 보고를 들은 선조(宣祖)로서는 참으로 판단을 내리기 어려웠을 터인데, 일본의 침략 이전에 먼저 이것이 조선의 우환이었다.

> "초나라와 제나라는 장왕(莊王)과 환공(桓公)이 있었기에 초나라와 제나라가 패자가 될 수 있었고, 연나라와 위나라는 소왕(昭王)과 안희왕(安釐王)이 있었으므로 연나라와 위나라가 강자가 될 수 있었다. 그럼에도 이들 나라들이 쇠망한 것은 신하들과 관리들이 모두 나랏일을 어지럽히는 데에 힘쓰고 다스리는 일에 힘쓰지 않았기 때문이다. 나라가 어지러워지고 약해지는 데도 모두 법은 아랑곳하지 않고 법 밖에서 사사로운 이익만 챙겼으니, 이는 섶을 지고 불을 끄러 들어간 것과 같다. 그러니 어찌 갈수록 어지러워지고 약해지지 않겠는가!" —「유도(有度)」

신하들이 파당을 지어 사사로운 이익을 도모하는 순간, 그 사직은 이미 군주의 사직이 아니고 그 나라는 백성들의 나라가 아니다. 당쟁과 정쟁으로 분란과 혼란이 거듭되면 마침내 쇠퇴와 멸망으로 치닫게 마련이다. 그런 의미에서 임진왜란은 오랜 평화가 가져온 조선의 내적 모순과 한계를 여실하게 드러낸 전쟁이었다고도 할 수 있다. 천안함의 침몰도 그런 관점에서 들여다볼 필요가 있다.

2015년 들어 연이어 드러난 방산비리와 성추문 사태를 보라. 정옥근·황기철 전 참모총장이 각각 금품수수와 통영함 비리로 나란히 구속되었고, 현역 해군 중장 한 명은 골프장 캐디를 성희롱했다고 하여 보직해임을 종용받으면서도 버텼다. 특히 황기철 전 참모총장은 2009년에 방위사업청 함정사업부장으로 근무하면서 통영함 음파탐지기에 문제가 있다는 보고를 받고도 묵살했다는 혐의를 받고 있다. 그게 사실이라면 천안함은 그때 이미 침몰하고 있었다고 해도 과언이 아니며, 다른 군함들 역시 지금 침몰하고 있는지도 모른다. 어찌 군함뿐이겠는가?

국방부의 고위직 인물들이 보여준 저런 행태는 곧 우방의 조롱을 자초하기에 이르렀으니, 한국의 차세대 전투기 개발 사업과 관련된 사건이 그것이다. 한국의 절대 우방이라는 미국이 제대로 개발도 안 된 전투기 F-35를 40대나 팔아먹고는 처음에 약속했던 핵심기술 이전을 거부한 것이다. 한국이 여러 차례 기술 요청을 했음에도 미국은 요지부동이다. 이야말로 한국을 호구로 본 셈인데, 미국의 제국주의적 태도를 비난하기만 할 것이 아니라 당연히 그렇게 할 수도 있다는 것을 염두에 두고서 한국의 국방부나 정치권에서 미리 대비했어야 한다. 뒤늦게 속았다고 하는 것은 참으로 순진한 발상일 뿐이다. 국가 간의 관계에서 국익을 위한 술수와 책략은 당연한 일이기 때문이다. 더구나 국방부가 저 지경이니, 다시 또 당하지 않을 도리가 있겠는가?

상앙 그리고 비스마르크와 몰트케

우리나라 군대에서 지휘부를 구성하는 장성들이 모두 비리를 저지르는 것은 아니다. 그러나 비리를 저지르는 자가 비록 소수라고 하더라도 그들이 주요한 자리를 차지하고 있다면 국가의 안보에 커다란 위협이 될 것은 불을 보듯 뻔하다. 역사를 보면, 고작 몇 명의 간신이나 권신에 의해서 나라가 망하고 왕조가 바뀌었다. 그것은 그들이 국가의 운명을 좌우할 만한 권한을 쥐고 권세를 부릴 수 있는 자리에 있었기 때문이다. 그들이 버티고 있었기 때문에 충신들이 설 자리가 없었고 직언도 받아들여지지 않아 멸망의 나락으로 떨어졌던 것이다. 반대로 현명하고 뛰어난 장성이 주요한 자리를 맡아서 군대를 개혁한다면, 그 국가는 흥성할 수 있는 기반을 다지게 된다.

진(秦)나라 왕 영정(嬴政)이 최초로 천하를 통일하여 '진시황'이라는 칭호를 받기는 했으나, 그가 이룩한 통일 제국의 초석은 이미 백여 년 전부터 다져져왔던 것이다. 진효공(秦孝公, 기원전 361~338 재위)과 상앙(商鞅, ?~기원전 338)이 그 주인공이다. 중원에서 먼 서쪽 변두리에 있던 진나라는 전국시대 들어서 서서히 두각을 나타내기 시작했으나 여전히 중원의 제후국들로부터 멸시를 받고 있었다. 이것이 불만이었던 진효공은 널리 인재를 구한다는 포고령을 내걸었다. 그때 위(魏)나라에 있다가 그 소식을 듣고 달려온 이가 갓 스물이 넘은 공손앙(公孫鞅)이었다. 공손앙은 진나라 대부 경감(景監)을 찾아갔고, 공손앙이 뛰어난 인재인 줄 알아본 경감은 이내 효공에게 천거했다.

여러 차례 효공을 만나면서 갖가지 통치술에 대해 이야기한 공손앙은 이윽고 "부국강병을 이루어 힘으로써 패업을 이룬다"는 패도(覇道)로 효공의 마음을 사로잡았다. 공손앙은 "천하를 다스리는 데는 한 가지 방법만 있는 것이 아니고, 나라를 이롭게 하는 데는 반드시 옛날을 본받아야 하는 것도 아니다"라고 하면서 과감하고 대대적인 개혁의 필요성을 역설했다. 이른바 '변법(變法)'이다. 그는 부국(富國)을 이루어야 강병(强兵)을 이룰 수 있고, 강병을 이루려면 상벌을 분명히 하여 신분에 관계없이 공과를 따져야 하며 법을 엄정하게 집행하면서 백성들이 농사를 지으면서 싸우도록 해야 한다고 했다.

그런데 효공이 공손앙을 기용하여 변법을 시행하려고 하자 세습귀족들이 반발했다. 이는 당연한 일이다. 당시에는 일반적으로 예부터 내려오던 법령이나 제도를 충실하게 지켜나가는 것이 최선의 정치요 통치라고 여겼기 때문이다. 게다가 변법은 기존의 법과 제도를 혁신하려는 것이니, 기득권을 포기해야 하는 귀족들로서는 결코 받아들일 수 없었다. 변법을 반대하던 이들은 "성인은 백성의 풍속을 바꾸지 않고 교화시키며 지혜로운 자는 법을 바꾸지 않고 다스린다고 했다. 백성을 그 풍속에 따라 교화하면 힘들이지 않고도 공이 이루어지고, 지금의 법에 근거하여 다스리면 관리들도 익숙하고 백성도 편안해 한다"라거나 "백 배의 이익이 없으면 법을 고치지 않고, 열 배의 효과가 나지 않으면 그릇을 바꾸지 않는다"라고 하면서 강력하게 반대 주장을 폈다.

신하들의 반대에 대해 공손앙은 "성인은 나라를 강하게 할 수 있다면 옛 법을 본받지 않고, 백성을 이롭게 할 수 있다면 옛날의 예법을 따르지 않는다"고 하면서 은나라의 탕왕과 주나라의 무왕도 옛 법을 고수하지 않았기 때문에 흥성할 수 있었고, 하나라와 은나라가 멸망한 것은 예법과 제도를 바꾸지 않았기 때문이라고 했다. 공손앙은 자신의 변법에 대해서 자세하게 서술해서 남겼는데, 지금 전하는 「상군서(商君書)」가 그것이다.

효공은 신하들의 반대를 물리치고 공손앙의 견해를 받아들여 과감하게 공손앙을 기용했다. 효공의 절대적인 신임을 받으면서 공손앙은 20여 년 동안 변법을 시행하여 진나라를 강성한 나라로 만들었다. 그리하여 그 공로로 상(商) 땅을 봉지로 받아서 '상앙'으로 일컬어졌던 것이다. 비록 효공의 사후에 모함을 받아서 사지가 찢겨 죽는 형벌을 받기는 했지만, 그가 시행한 정책은 폐기되지 않고 이어져서 진시황이 통일 제국을 이루는 기반이 되었다.

이와 아주 유사한 사례를 19세기 프로이센에서도 찾아볼 수 있다. 1861년, 빌헬름 1세(Wilhelm Ⅰ, 1861~1888 재위)는 프로이센의 왕위에 오르면서 적극적으로 독일 통일 사업에 착수하였다. 이듬해 그는 오토 폰 비스마르크(Otto Eduard Leopold von Bismarck, 1815~1898)를 수상으로 임명했다.

비스마르크는 수상으로 취임한 후 의회에서 "오늘날의 중대한 문제는 연설이나 다수결로는 도저히 해결할 수 없다. 오로지 철(鐵)과 피(血)로써만 해결할 수 있다"고 연설했다. 이른바 '철혈(鐵血) 연설'이며, 이로부터 철혈재상으로 불리게 되었다. 그는 이 연설에서 헌법조차 무시하는 발언을 했다. 그것은 삭감된 군사비로 말미암은 것이었다.

"헌법이 위기에 놓여 있다고 하는 것은 결코 부끄러운 일이 아니고, 오히려 명예롭기까지 한 것입니다. 우리는 헌법을 무리하게라도 지켜야만 한다고 생각하고 있습니다. 이에 대해서 우리는 아주 비판적인 눈으로 바라보아야 합니다. 여론은 바뀌는 법이며, 신문이 보도한 것을 여론이라고 생각할 수는 없습니다. … 국민을 대표하는 의원의 사명은 일반인의 목소리를 지도하고, 그것을 바탕으로 해서 행동하는 것이라고 생각합니다. 비록 빈약한 우리 몸에 비해 군비가 너무 큰 것이라 해도 그것이 우리에게 이로운 한, 우리는 그것에 익숙해지려는 정열을 가졌으며, 또 감히 그렇게 하고자 합니다. 독일이 현재의 과제를 수행하기 위해 눈여겨보아야 할 것은 프로이센의 자유주의가 아니라 그 군비입니다."

이윽고 그는 긴급권을 발동하여 의회의 예산 승인 없이 국가를 운영하기 시작했으니, 이는 빌헬름 1세의 전폭적인 지지와 신뢰에 바탕을 둔 것이었다. 공손앙이 진효공의 전격적인 신뢰를 받으면서 변법을 시행하여 부국강병을 이룩한 것과 흡사하다.

그런데 비스마르크는 군비를 확보하여 즉각 군대 개혁을 단행할 기반은 마련했지만, 그 자신은 정치가이자 외교가였을 뿐이었다. 강병을 이룩하고자 하는 그의 의지를 실현해줄 인물은 따로 있었으니, 바로 1857년에 참모총장이 되었던 헬무트 폰 몰트케(1800~1891)다. 몰트케는 참모총장이 되자마자 프로이센의 전략과 전술의 체제에 변화를 주었다. 무기와 의사소통 수단, 장교들에 대한 체계적인 훈련, 군대 동원 방법 등을 개혁하였다. 또 그 전까지는 전쟁이 시작된 후에야 구성되었던 참모부를 평화로운 시기에 미리 구성하여 작전계획을 수립하고 언제든지 전쟁을 치를 수 있도록 작전태세를 갖추도록 했다. 그가 근대 참모제도의 창시자로 일컬어진 이유가 여기에 있다.

빌헬름 1세와 비스마르크의 군비 마련, 몰트케의 군사체제 혁신 등을 통해 1860년대 이전까지 보잘것없던 프로이센의 군대는 강병으로 거듭났다. 이리하여 1866년에 오스트리아와의 전쟁에서 승리하고 1871년에는 프랑스를 패배시키면서 이윽고 독일의 통일을 완성했다. 그 뒤에도 비스마르크는 수상으로서, 몰트케는 참모총장으로서 서로 협력하여 독일제국을 강국으로 변모시켰다.

"바로 이 시대에 신하들이 사사로이 법을 왜곡하지 못하게 하고 공공의 법을 지키게 할 수 있다면 백성은 편안해지고 나라는 다스려질 것이며,

또 사사로이 행동하지 못하게 하고 공공의 법을 실행하게 한다면 병력은 강해지고 적은 약해질 것이다. 사물의 득실을 잘 살피고 법과 제도를 잘 따르는 자를 두어 신하들을 잡도리하게 하면 군주가 거짓에 속을 일이 없을 것이고, 사물의 득실을 잘 살피고 일의 경중을 잘 헤아려 처리하는 자를 두어 외교를 맡게 한다면 군주가 국가들 사이의 세력이나 판도에 대해 속을 일이 없을 것이다." —「유도」

국가의 존망은 강병에 달렸다

『논어』「안연」편을 보면, 자공이 정치에 대해 물었을 때 공자는 이렇게 대답했다.

"먹을거리가 넉넉하고 병력과 무기가 넉넉하고 백성들이 믿는 것이다."

경제력과 군사력, 백성들의 신뢰, 이 세 가지는 나라를 지탱하는 근간이다. 따라서 정치나 통치에서 가장 핵심적인 문제다. 자공이 이 셋 가운데 어쩔 수 없이 꼭 하나를 버려야 한다면 무얼 버려야 하는지 물은 데 대해 공자가 "병력과 무기를 버려라"라고 말한 것을 두고 유가에서는 군사력을 경시했다고 본다면, 그야말로 문맥을 제대로 파악하지 못한 단견(短見)이요 관견(管見)에 지나지 않는다. 어찌 군사력을 경시하고서 사직을 보존하고 백성을 지키며 나라를 유지할 수 있겠는가?

공자는 "백성을 가르치지 않고서 싸움터에 내몬다면, 이는 백성을 버리는 짓이다"(『논어』「자로」)라고까지 말했다. 전쟁조차 반대하지 않았는데, 어찌 군사력을 소홀히 여겼겠는가? 문제는 백성들을 제대로 가르치고 싸움에 임해야 한다는 점인데, 그러기 위해서는 훌륭한 장수를 미리 발탁해야 한다. 저 임진왜란을 떠올려보라. 훌륭한 장수 한 명이 국가의 운명을 어떻게 좌우하는지 말이다.

"군사(軍事)는 나라의 큰일이다. 그것은 백성들의 생사가 달린 곳이며 나라의 존망이 결정되는 길이니, 깊이 살피지 않을 수 없다"는 구절로 시작되는 『손자병법』에서는 전쟁을 대비하고 실행하기 위해 중요한 다섯 가지 요소를 거론하고 있다. 도의(道義) · 천시(天時) · 지리(地利) · 장령(將領) · 법규(法規) 등이 그것이다. 이 가운데 장령은 지휘관의 덕목을 가리키는데, 지혜, 미더움, 어짊, 용감함, 엄격함 등을 의미한다. 저 비리를 저지른 장성들은 이 가운데 하나라도 갖추었을까?

비리를 저지른 장성들은 고작 그 정도로 군사력이 약화되거나 나라가 위태로워지겠느냐면서 항변할 지도 모른다. 그렇다면 한비의 말을 들어보라.

> "나무가 꺾이는 것은 반드시 벌레가 파먹었기 때문이고, 담장이 무너지는 것은 반드시 틈이 생겼기 때문이다. 다만 벌레가 파먹었더라도 강풍이 불지 않으면 나무는 꺾이지 않고, 틈이 생겼더라도 큰비가 내리지 않으면 담장은 무너지지 않는다." —「망징(亡徵)」

징조(徵兆)는 어떤 일이 생길 기미다. 그래서 기미를 알아채기는 참으로 어려운데, 천안함 침몰과 장성들의 비리에서 강병의 길이 가로막혀 있다는 기미를 읽는다면, 지나친 것일까? 강병이 없이는 강국도 제국도 이룰 수 없을 뿐더러 부국으로 존속하기도 어렵다.

04

진정한 우방은 있는가

2015년 4월 29일, 일본의 아베 총리가 일본 역사상 최초로 미국 의회에서 상하원 합동연설을 했다. 2차 세계대전에 대한 통절한 반성을 표명했으나, 안타깝게도 침략이나 사죄 따위는 내용에 전혀 포함되지 않은 외교적 수사만 나열했다. 그도 그럴 것이 이에 앞선 3월 27일에 워싱턴 포스트와 인터뷰하면서 "위안부는 인신매매의 희생자로 가슴이 아프다"고 말하며 일본이 국가적 차원에서 저지른 범죄를 민간에서 저지른 범죄로 치부해버린 인물이 아니었던가.

그런데 우리가 생각해봐야 할 부분은 따로 있다. 일본은 미국의 진주만을 공습하면서 태평양전쟁을 일으킨 전범 국가였다. 비록 전쟁이 끝난 지 70여 년이 지났고 그 전쟁을 겪은 세대가 거의 남아 있지 않다는 점을 감안하더라도 여전히 과거사 문제를 회피하거나 왜곡하는 일본 총리가 미국 의회에서 합동연설을 하게 된 데에는 미국의 정책적 변화 내지는 미국이 추구하는 이익이 따로 있다는 의미로 받아들여야 할 것이다. 한국의 입장에서는, 과연 미국은 한국의 진정한 우방인가, 우방으로 남아 있는가 하는 점에 대해 심각하게 고민해야 한다.

중국의 주도로 설립된 국제금융기구인 아시아인프라투자은행(AIIB) 참여 여부를 결정하는 과정에서 한국 정부는 뒤늦게 참여한다는 결정을 내렸다. 미국의 눈치를 보다가 그랬다고 한다. 이 소식을 주한 미군의 고고도미사일방어체계인 사드(THAAD) 배치 논란, 2015년에 환수하기로 했던 전시작전통제권(유사시 한국군의 작전을 통제하는 권한)을 2014년에 재연기하기로 한 일 등과 아울러 생각해보면, 참 씁쓸하기 그지없다. 한국이 스스로 주권 국가이기를 포기한 듯해서 말이다.

이렇게 한국이 주권 국가로서 당당하지 못한 데에는 미국이 변함없이 우방으로 남아 있으리라는 믿음이 깊거나 그러기를 바라는 마음이 간절해서일 것이다. 그런데 끊임없이 한국 국민의 감정을 건드리는 일본의 아베 총리가 일본 역사상 최초로 미국 의회에서 상하원 합동연설을 한 일이나 일본의 자위권 행사를 미국이 지지한 일 등을 보고서도 과연 미국이 한국의 진정한 우방이라 볼 수 있는지 되물어보아야 하지 않겠는가?

국가와 국가는 이익으로 맺어진다

위(衛)나라의 어떤 부부가 기도를 올리는데, 부인이 이렇게 빌었다.

"저희가 공짜로 삼베 100필을 얻게 해주십시오!"

그러나 남편이 물었다.

"어째서 적게 바라는가?"

부인이 대답했다.

"이보다 많으면 당신이 첩을 사들일 것이기 때문이에요!" —「내저설(內儲說) 하」

부부가 되어 한 이불을 덮고 자더라도 서로 다른 생각을 하며 또 바라는 것이 얼마든지 다를 수 있다는 것을 단적으로 보여주는 이야기다. 동상이몽(同床異夢)이란 말이 왜 나왔겠는가. 물론 한비는 군주와 신하는 서로 얻으려는 이익이 다르다는 점, 그래서 신하가 이익을 얻으면 군주가 이익을 잃는다는 점을 부각시키려고 이 이야기를 거론했다. 그런데 부부가 서로 다른 생각을 하고 한 나라의 군주와 신하가 서로 추구하는 이익을 달리한다면, 서로 다른 두 국가 사이에서는 어떠하겠는가?

예부터 대국이든 소국이든 다른 나라와 외교 관계를 맺지 않은 나라는 없었다. 그렇다면, 무엇 때문에 외교적인 관계를 맺었는가? 다른 나라에 호의를 베풀고 그 나라 백성들을 위해서였을까? 결코 그렇지 않다.『한비자』「외저설 좌상」에 다음의 일화들이 나온다.

춘추시대 다섯 패자(霸者) 가운데 한 명인 진(晉)나라 문공(文公)이 송나라를 치면서 이렇게 선언했다.

"내가 들으니, 송나라 군주는 무도하여 어른들을 업신여기고 재화를 공평하게 분배하지 않으며 그 명령이 백성들의 믿음을 얻지 못한다고 한다. 그래서 내가 송나라 백성을 위해 그를 벌주려고 왔다."

월나라가 오나라를 치면서 이렇게 알렸다.

"내 들으니, 오나라 왕은 전용선인 여황을 띄우기 위해 고소대(姑蘇臺)를 쌓으면서 깊은 연못을 파 백성들을 고달프게 하고 재화를 다 써버리며 민력(民力)을 소진시킨다고 한다. 나는 오나라 백성을 위해 그를 벌주려고 왔다."

진나라와 월나라가 각각 선언한 말을 과연 곧이곧대로 믿을 수 있을까? 문공은 진정으로 송나라 백성을 위해 송나라를 쳤을까? 아니다. 송나라의 내부적 위기를 이용하여 진나라의 패권적 지위를 공고히 하기 위해서였다. 월나라 또한 마찬가지다. 오나라와 일전을 벌여 그 땅을 차지하려는 속셈을 감추려고 그렇게 말했을 뿐이다.

한비를 비롯한 법가사상가들은 인간은 이익을 좋아하는 본성을 지녔다는 '호리지성(好利之性)'을 강조했다. 실로 그러한 본성이 없다면 춘추전국시대에 그토록 오랫동안 내란과 전란이 그리도 질기고 질기게 이어지지는 않았을 것이다. 어디 그 시대뿐인가. 인류 문명의 역사에서 셀 수 없이 많았던 전쟁들을 보라. 20세기의 세계대전과 지금도 끊이지 않는 테러와 내전 등은 또 어떤가. 이런 와중에도 인간은 사적으로는 이익을 떠나 사랑이나 우정, 어짊이나 올바름 등으로 관계를 맺기도 한다. 그러나 국가와 국가 사이에서는 결코 그렇지 않다.

옛날 정(鄭)나라 무공(武公)이 호(胡)를 치고 싶었다. 먼저 자신의 딸을 호의 군주에게 시집보내 그 비위를 맞추었다. 곧이어 신하들에게 물었다.

"내가 군사를 일으키려 하는데, 어느 나라를 치면 되겠는가?"

대부인 관기사(關其思)가 대답했다.

"호를 치면 됩니다."

무공은 짐짓 성내며 그를 죽이라고 하면서 말했다.

"호는 우리와 형제의 나라다. 그런데도 그대는 호를 치라고 말하니, 이 무슨 망발이냐!"

호의 군주는 이를 전해 듣고서 정나라가 자신들과 가까워졌다고 여겨 아무런 방비를 하지 않았다. 이에 정나라 군사가 호를 갑자기 공격하여 그 땅을 빼앗았다. —「세난(說難)」

"유세의 어려움"에 대해 말한 「세난」에 나오는 이야기다. 군주의 마음을 제대로 헤아리지 못하고 자기 생각을 섣불리 드러냈다가는 죽음을 맞을 수도 있다는 것, 상대를 설득하려면 상대의 마음을 잘 헤아려서 그 마음에 맞추어야만 한다는 점을 강조한 것인데, 이는 대부 관기사에 초점을 맞추었을 때 가능한 해석이다. 그런데 초점을 무공이나 호의 군주에게 맞추면 또 다른 해석이 가능하다.

무공은 자신의 딸을 호의 군주에게 시집보내면서 정나라가 호와 우호적인 관계를 맺으려 한다는 태도를 보여주었다. 이어 군사를 일으키려는 데 어느 나라를 치면 좋겠느냐는 물음을 던지고, 호를 치면 된다고 대답을 한 관기사를 죽임으로써 호의 군주를 안심시켰다. 반면, 호의 군주는 무공이 딸을 자신에게 시집보내고 또 관기사를 죽인 일에서 정나라가 무조건 신뢰할 수 있는 우방이라고 확신했다. 호의 군주는 무공이 정나라의 세력 확장을 위해 딸과 대부를 희생시켰으리라고는 꿈에도 생각하지 못했다. 그것은 국가 간의 관계가 오로지 이익에 의해서 맺어진다는 이치를 몰랐거나 잊었기 때문이다. 결국 호의 군주는 나라를 빼앗겼다.

미국은 한국의 진정한 우방인가

20세기 들어서 한국은 미국에 큰 신세를 졌다. 미국은 태평양전쟁에서 일본을 항복시켜 한국을 식민지 지배에서 해방시켰고, 한국전쟁이 발발하자 적극적인 군사개입으로 보호막이 되어주었으며, 전쟁 후에는 막대한 재정적 원조를 해주었다. 과연 미국은 다른 어떤 나라보다도 고맙고 심리적으로 가깝게 여길 만한 나라임이 분명하다. 그래서 오늘날 한국인들은 대체로 미국을 우방으로 여긴다. 아니, 우방이라는 생각조차 하지 않을 만큼 자연스럽게 가까운 나라로 여긴다. 그렇지만, 미국이 과연 그저 한국을 위해 또 한국 국민을 위해 희생을 치르고 원조를 해주었을까?

미국은 1937년에 일본이 중국을 공공연히 침략했을 때에도, 1938년에 히틀러가 오스트리아를 점령하고 1939년에 폴란드를 침공하면서 2차 세계대전을 일으켰을 때에도 가만있었다. 1941년 12월 7일, 일본이 진주만을 기습 공격해서야 비로소 2차 세계대전에 뛰어들었다. 이는 미국이 자국의 영토를 침범당하고 자국의 이익이 침해당했을 때에야 참전했음을 의미한다. 결코 세계 평화를 위해서가 아니었다. 또 미국은 2차 세계대전 후에는 전범 국가인 독일과 일본의 재건을 위해 대규모의 원조를 해주었는데, 이는 미국이 본격적으로 제국주의를 지향하는 과정에서 이루어진 일이었다.

1945년에 한국이 해방된 뒤에 한반도에서 소련과 맞선 미국은 한국을 두 개의 임시 점령 지역으로 분할하는 방안을 성급히 내놓았고, 38선 북쪽 지역은 스탈린에게 맡겼다. 1948년에 미군은 한국에서 철수했다. 1950년 1월에 딘 애치슨 국무장관은 한국을 미국 안보에 절실한 지역으로 여기지 않음을 시사했다. 이른바 '애치슨 라인'이 그것이다. 그리고 미국 하원은 행정부가 제출한 대한(對韓) 원조법안을 거부했다. 그리고 소련의 스탈린은 북한의 김일성이 한국을 침공하고 한국 정부를 전복시키는 것을 승인했다. 이리하여 한국전쟁이 발발했다.

이 일련의 과정에서 미국이 자국의 이익을 위해 정책을 결정하고 또 그로 말미암아 한국이 위태로워지고 한국전쟁도 터졌다는 사실을 가지고 미국을 비난할 수는 없다. 어떤 나라든 자국의 이익을 최우선으로 하는 것은 당연한 일이기 때문이다.

"대개 일꾼을 사서 씨 뿌리고 농사지을 경우에는 주인이 자신의 돈을 들여서 맛있는 음식을 해주고 화폐로 쓰이는 베(布)를 마련해서 질 좋은 동전을 구하여 품삯으로 주는데, 이는 일꾼을 사랑해서가 아니다. 그렇게 해야 밭을 깊이 갈고 김을 제대로 매기 때문이다. 일꾼이 있는 힘을 다해서 밭을 갈고 김을 매는 것은 주인을 사랑해서가 아니다. 이렇게 해야 음식이 맛있고 품삯으로 받는 화폐도 질이 좋기 때문이다. 이렇게 힘들여 일하는 사람을 잘 대해주는 데에도 아비와 자식 사이의 은덕이 작용한다. 그리고 일하는 데에 마음을 다 쓰는 것은 모두 자기를 위한다는 마음이 있기 때문이다. 그러므로 일을 하거나 베풀어 줄 때 이익이 된다는 마음이 들면 월나라 사람과도 쉽게 가까워지고, 손해가 된다는 마음이 들면 아비와 자식 사이라도 멀어지고 또 원망하게 된다." —「외저설(外儲說) 좌상」

다시 말하지만, 미국은 결코 한국을 위해 2차 세계대전에 참전하지 않았으며, 한국을 위해 일본을 항복시키지 않았고 또 한국 국민을 위해 해방시켜주지도 않았다. 냉전시대에 미국이 남미와 전 세계 곳곳에서 자국의 이익을 위해 저지른 일들을 보라.

진정한 우방은 자국뿐이다

아베 총리가 미국 의회에서 합동연설을 한 것은 오랫동안 미국 의회를 중심으로 벌인 대대적인 로비 덕분이었다. 말하자면, 이용할 수 있는 모든 외교 채널을 통해 반일 감정을 누그러뜨리려 애썼다는 말이다. 반면, 한국 정부는 미국을 영원한 우방으로 여긴 탓에 전혀 외교적 노력을 기울이지 않았다. 그저 미국의 호의를 기대했다가 뒤통수를 맞았을 뿐이다. 강 건너 불구경하다 닭 쫓던 개 지붕 쳐다보는 꼴이 되었다고나 할까!

또 21세기 들어서 강국으로 부상한 중국이 미국과 더불어 G2로 일컬어지면서 세계경제를 주도하고 있음에도 전혀 독자적인 대응책을 마련하지 못하고 있다. 중국은 한국과 역사적으로 매우 밀접하고 지정학적으로 인접한 나라여서 늘 주시하고 경계해야 하는 나라임에도 태평양 건너편에 있는 미국의 눈치만 살피느라 바로 눈앞에서 일어나는 변화들을 스스로 파악하지 못한 것이다. 참으로 답답한 노릇이다. 너무도 오랫동안 미국을 우방으로 여기며 모든 정책을 미국 중심으로 결정해왔던 관성이 작용한 탓이리라.

아직도 미국이 우리의 진정한 우방이라고, 영원한 우방으로 남아주리라고 여기거나 믿는다면, 그것은 끔찍한 시대착오요 심각한 착각이다. 영원한 제국도 없었는데, 어찌 영원한 우방이 있을 수 있겠는가? 그렇다면, 진정한 우방은 없는가? 있다. 어떤 나라인가? 바로 자국(自國)이다. 그리고 가난하고 허약한 나라가 아닌, 부국강병을 이룬 자국이야말로 진정한 우방이다.

진(晉)나라가 형(邢)나라를 쳤다. 제나라 환공이 이를 구원하고자 하니, 포숙아(鮑叔牙)가 말리며 말했다.

"너무 이릅니다. 형나라는 아직 망하지 않았고, 진나라는 아직 피폐해지지 않았습니다. 진나라가 피폐해지지 않으면 제나라가 위세를 떨칠 수 없습니다. 무릇 위급한 나라를 도와 버티게 해주는 공덕은 패망하는 나라를 존속시켜 주는 공덕보다 크지 못합니다. 군주께서는 구원해줄 시기를 늦춰 진나라가 피폐해질 때까지 기다리는 게 낫습니다. 그러면 제나라는 실제적인 이익을 거두면서 형나라를 패망에서 다시 살려내므로 명성과 실리를 한꺼번에 크게 얻게 됩니다."

이에 환공은 구원하지 않기로 했다. —「설림(說林) 상」

05

지금 한국에 외교가 있는가

우경(虞慶)이 집을 지으면서 목수에게 일렀다.

"지붕이 너무 높다."

목수가 대답했다.

"이것은 새집입니다. 흙벽은 아직 젖어 있고 서까래도 생나무입니다. 젖은 흙은 무겁고 생나무 서까래는 휘게 됩니다. 휘게 될 서까래로 무거운 흙을 떠받치고 있으니, 이건 당연히 낮아지게 됩니다."

우경은 우겼다.

"그렇지 않소. 여러 날이 지나면 흙은 굳고 서까래는 마르게 되오. 흙이 굳으면 가벼워지고 서까래가 마르면 곧게 될 것이니, 곧은 서까래가 가벼운 흙을 떠받치면 더욱더 높아질 것이오."

목수는 말문이 막혀서 그가 이르는 대로 했으나, 결국 지붕은 무너져버렸다. —「외저설 좌상」

우경의 변론은 화려하고 말솜씨도 뛰어나지만, 그가 한 말은 실정과는 맞지 않다. 한비는 군주가 유세가나 신하의 말을 들을 때 교묘하고 화려한 말솜씨에 현혹되지 말아야 한다는 뜻으로 이 이야기를 들려주었다. 오늘날에는 군주가 아닌 국민들이 이 이야기를 곱씹어보아야 한다. 국민들이 투표권을 행사할 때 표를 하나라도 더 얻으려는 정치가들의 언변에 놀아나지 않기 위해서 또 국민을 대리해서 국가와 국민의 이익을 위해 일해야 할 관료들이 일을 그르치고도 화려한 수사로 변명을 일삼을 때 속지 않기 위해서 말이다.

한국의 자화자찬 외교

2015년 4월 3일, 감사원은 "이명박 정부 시절 해외자원개발 사업에 투자된 돈은 27조 원으로 회수액은 4조 원에 불과하고, 앞으로의 회수 전망은 불투명하다"며 현재 진행 중인 자원외교 사업에 대한 전반적인 재검토를 위한 감사에 착수했다고 밝혔다. 그리고 여당과 야당은 국정조사의 기간과 증인 채택 여부를 두고 서로 공방을 벌였다.

본래 외교란 외국과 교섭하여 관계를 맺는 일이고, 이익이 걸렸을 때는 당연히 자국의 이익을 꾀하는 쪽으로 교섭을 진행하는 '나라의 큰일'이다. 그런데 이명박 전 정부의 '자원외교'는 우리 쪽에서 막대한 손실을 입는 수준에서 이루어졌음이 점점 밝혀지고 있으니, 이 정도면 결코 '외교'라고 불릴 수 없는 것이다. '자원상납' 또는 '자원조공'이라고 해야 옳다. 그럼에도 당시 이명박 대통령과 그 정부는 자원외교를 한답시고 얼마나 팡파르를 울리며 자화자찬했던가!

> "밖으로 제후들(외국들)과 통하고 안으로 국력을 소모시키며 나라가 위태롭고 망할 만한 때를 기다렸다가 험상궂은 표정으로 군주(국민)에게 을러대며 '외교에서 내가 아니면 가까워질 수 없고, 원한도 내가 아니면 풀 수가 없다'고 말하는 자가 있다. 그러면 군주(국민)는 곧 그를 믿고 국정을 맡기는데, 그것으로 군주(국민 또는 국가)의 명성을 떨어뜨리고 그 자신이 드러나게 하며 나라의 풍부한 재물을 헐고 그 자신의 집만 이롭게 한다." —「유도(有度)」

본래 이는 왕정(王政)에서 강한 권세를 휘두르며 군주를 겁박하는 신하를 염두에 두고 한 말이므로 국민이 투표를 통해 대통령을 뽑는 지금의 민주정에서는 약간 비틀어서 읽는 게 적절하다. 그래서 괄호를 쳐서 따로 표시를 해두었으니, 새로 읽어보라.

이명박 전 대통령은 외교에 매우 심혈을 기울였던 대통령이다. 그는 정상외교를 위해 5년의 임기 동안 무려 49회에 이르는 해외 순방 기록을 남겼는데, 이는 역대 대통령 가운데 최다에 해당한다. 평균 37일에 한 번 꼴로 해외 순방을 했으며, 해외 체류 기간도 도합 232일이나 된다. 또 84개국을 방문하면서 1200억 원의 세금을 사용했다고 한다. 그런데 과연 이에 걸맞은 외교적 성과를 거두었는가? 아니, 그토록 자화자찬하던 자원외교가 적법한 절차를 밟으면서 진행되기나 했던가? 한비는 「망징(亡徵)」에서 이렇게 말했다.

"법에 의한 금령은 소홀히 하고 음모와 계략에 힘쓰며 국내 정치는 어지럽히고 외국과의 교제나 원조를 믿으면, 그 나라는 망하게 된다."

이렇게 자원외교의 허상이 낱낱이 드러나 야당에서 이를 문제 삼자, 이명박 전 대통령을 청문회에 출석시키는 것은 '정치적 공세'라며 여당인 새누리당에서는 결사적으로 반대했다. 참으로 한심한 작태다. 자신들도 엮여 있기 때문이다. 무엇보다도 대통령은 책임을 지지 않는 자리라는 것을 공언하고 있는 셈이어서 더욱 심각하다. 대통령은 무소불위의 권력을 휘두를 수 있는 자리에 있으므로 그가 퇴임한 뒤에라도 더욱 철저하게 조사하고 공과를 평가해야 한다. 그것이 이 나라가 '우경의 지붕 꼴'이 되지 않는 길이다.

상속된 자화자찬 외교

그러면, 박근혜 정부는 어떠한가? 박근혜 대통령도 2년이 채 안 된 재임 기간 동안 꽤 많은 나라를 순방했다. 이를 보면, 박근혜 정부도 지난 정부처럼 외교에 꽤 비중을 두고 있는 게 분명하다.(어느 나라, 어느 정부가 그렇지 않겠는가마는.) 그러나 과연 그만큼의 외교적 성과를 거두었다고 말할 수 있을까?

2013년부터 박근혜 정부의 외교 수장을 맡고 있는 윤병세 외교부 장관은 자신의 재임 기간이 제법 길어지는 것을 의식하고서 나름대로 한국 외교를 위해 공헌했다고 자부하는 발언을 했다. 그는 "지난 2년

60여 회의 정상회담과 300여 회의 외교장관회담을 치렀다"고 말했고, 또 중견국 협의체인 믹타(MIKTA) 외교장관회의 주도, 한중일 외교장관회의 복원, 유엔에서의 활약 같은 성과도 자부했으며, "한국의 외교적 위상은 과거와 다르다, 국력과 외교력 상승 덕분에 다른 나라 눈치를 보지 않는다"고도 말했다.

과연 한국의 외교적 위상이 과거와 달라졌는가? 달라졌다면, 얼마나 달라졌는가? 한국의 외교에서 가장 우선적이고 중요한 것이 일본과의 외교이므로 일본과 관계가 어떠한지를 보면 짐작할 수 있다. 일본의 아베 총리는 끊임없이 망언을 일삼고 있고, 그럼에도 미국 의회에서 상하원 합동연설에 나섰다. 또 아베 총리가 강조해온 '자학사관의 탈피' 등 수정주의적 역사 인식이 반영된, "독도는 일본 영토다"라고 기술한 교과서들이 검정에 통과했다. 이런 일련의 사태에 대해 한국 외교부는 적절하게 대응했던가?

국민들 가운데 얼마나 많은 이들이 박근혜 정부가 외교를 잘하고 있다고 생각할까? 윤병세 장관은 스스로 잘했다고 자평하는데, 그렇게 생각하거나 말하면 정말 잘한 것이 될까? 아시아인프라투자은행(AIIB) 참여 여부를 결정하는 일이나 고고도미사일방어체계인 사드(THAAD)가 논란이 될 때 공론의 장에서는 한 마디도 못하다가 수하들을 모아놓고 여론을 비판하고 자화자찬한 일로 안팎에서 비난을 받은 장관이다. 이쯤이면 앞에서 한비가 말한 '외교에서 내가 아니면 친교를 맺을 수 없고, 적국의 원한도 내가 아니면 풀 수 없다고 말하는 그런 자'임을 스스로 드러내는 게 아닐까?

"군주가 무슨 일이든 대범하며 잘못을 뉘우치지 않고, 나라가 혼란한데도 자신의 능력을 과신하며, 국내의 실정은 헤아리지 않고 이웃 적국을 얕잡아 보면, 망하게 된다. 나라가 작은 데도 겸손하게 낮추지 않고, 힘이 약한데도 강한 나라를 두려워하지 않으며, 무례한 태도로 이웃의 큰 나라를 깔보고, 탐욕스럽게 고집을 세우면서 외교를 서투르게 하면, 망하게 된다." —「망징」

한비는 분명하게 말하고 있다. 외교를 서투르게 하면 나라는 망하게 된다고. 그만큼 외교는 국가의 존립에 있어 큰 비중을 차지한다. 그런데도 외교를 맡은 자가 국익을 위해 실질적인 성과를 거두지도 못했으면서 일마다 공적을 세운 것처럼 자화자찬한다면, 이는 나라를 망치고 자신의 이익을 도모하는 짓이나 다름이 없다. 그럼에도 무익한 외교에 대해 자화자찬이 끊이지 않는 것은 나라에 손실을 가져온 자에 대한 처벌이 없어서다.

국익을 해친 자는 처벌해야 마땅하다

위(衛)나라 사군(嗣君) 때 어떤 죄수가 위(魏)나라로 달아났다. 그 죄수는 거기서 양왕(襄王)의 왕후를 위해 병을 고쳐주었다. 사군이 이 소식을 듣고 사람을 시켜 50금으로 그를 사게 했다. 사신이 다섯 번이나 오갔으나, 위나라 양왕은 그를 내주지 않았다. 이에 사군이 좌씨(左氏) 땅과 바꾸려고 하자 신하들과 측근들이 간했다.

"도대체 한 성읍을 가지고 죄수를 사려고 하는 게 옳습니까?"

사군이 말했다.

"이는 그대들이 알 바 아니오. 무릇 다스림에는 작다고 제쳐둘 게 없고, 어지러움에는 큰일이 달리 없소. 법령이 바로 서지 못해서 처벌을 제대로 하지 않으면, 비록 좌씨 땅이 열 곳이 있어도 이익이 없소. 그러나 법이 바로 서고 반드시 처벌을 하면, 열 곳의 좌씨 땅을 잃더라도 손해가 없소."

양왕이 이 말을 전해 듣고는 말했다.

"위(衛)나라 군주가 다스리고자 하는데 들어주지 않는다면, 상서롭지 못하다."

곧 그 죄수를 수레에 태워 보내면서 아무것도 받지 않았다. —「내저설 상」

지금 한국에도 '외교'가 있는가? 성과 없는 외교도 외교라고 말할 수 있다면, 있다. 대통령이 될 수 있는 한 많은 나라를 순방하고 오랫동안 해외에 머무는 것을 외교라고 말할 수 있다면, 있다. 윤병세 외교부 장관의 말을 그대로 믿는다면, 있다. 그러나 실질적으로 거둔 성과가 있는지, 국민들이 피부로 느끼고 알아챌 만한 성과가 있는지, 한류 스타들이 한 일만큼 성과를 거두었는지를 두고 말한다면, 한국에는 외교가 없다! 외유(外遊)가 있을 뿐. 외교를 해야 할 때 외유를 일삼았다면, 직무유기다.

외교 또한 전쟁이다. 닳고 닳은 비유로 말하자면, 총성 없는 전쟁이다. 그런 전쟁에서 직무유기를 일삼거나 아무런 성과도 거두지 못했을 뿐 아니라 오히려 국익을 해쳤으면서도 성과를 거둔 것처럼 행세하는 자는 국가를 망치고 국민을 기만하는 자다. 나라 안에서 나라를 좀먹는 자다. 그런 자는 처벌해야 마땅하다.

"관리를 힘쓰게 하고 백성에게 위엄을 보이며 음란함과 게으름을 물리치고 속임수와 거짓을 그치게 하는 데에는 형벌만 한 게 없다. 형벌이 엄중하면 귀한 자라도 미천한 자를 감히 얕보지 못하고, 법이 분명하면 군주(국민)가 존귀해져 침해받지 않는다." —「유도」

06

누구를 위하여 법을 만드나

오나라 왕 합려(闔廬)가 초나라 도성인 영(郢)을 공격해 세 번 싸워 세 번을 이긴 뒤에 오자서(伍子胥)에게 물었다.

"물러가도 되겠는가?"

오자서가 반대했다.

"사람을 물에 빠뜨려 놓고서 물을 한 번만 마시게 하고 그만두면 빠져 죽는 자가 없습니다. 숨 쉬는 일을 그만두지 않기 때문입니다. 이 기회를 타서 아주 가라앉히는 것만 못합니다." —「설림(說林) 하」

오자서는 초나라의 정치가였으나, 부친과 형이 평왕(平王)에 의해 살해되자 오나라로 달아났다. 거기서 공자 광(光)을 도와 보위에 오르게 했으니, 그가 합려다. 오자서는 합려를 도와 오나라를 강국으로 만든 뒤, 원수의 나라인 초나라를 쳤다. 평왕은 이미 죽고 그 아들 소왕(昭王)은 도망쳐서 잡지 못했다. 이에 평왕의 무덤을 파헤쳐 그 시신을 꺼내 3백 번이나 채찍질을 했다. 그런 그였으므로 초나라에 대한 공격을 그만두게 할 리가 없었다. 그런데 이 오자서가 한 말에서 나는 '세월호 참사'를 떠올리게 되었다. 왜일까?

누구를 위하여 법을 만드는가

우리나라는 법치주의를 표방한 나라다. 법치주의란 국가가 법에 의거하여 통치되어야 한다는 것으로, 국가가 국민의 자유와 권리를 제한하거나 국민에게 의무를 부과할 때에는 반드시 국민의 대표기관인 의회에서 제정한 법률로써 해야 하고 행정작용과 사법작용도 법률에 근거를 두어야 한다는 원칙이다. 이 원칙은 궁극적으로 국민의 자유와 권리를 보장하기 위한 것이다.

물론 역사적으로 법치주의는 독재정치를 정당화하는 도구로 이용되어 국민의 자유와 권리를 제한하는 방향으로 남용되기도 했다. 20세기에 한국은 바로 그러한 남용된 법치주의를 경험했다. 그런데 세월호 참사를 통해 여전히 법치주의가 남용되거나 왜곡되고 있음을 또다시 경험한 것이다.

이미 널리 알려져 있듯이 세월호 참사는 이명박 정부에서 개정한, 아니 정확하게는 '개악한' 해운법 시행규칙에서 비롯되었다고 해도 과언이 아니다. 국민의 안위는 전혀 생각하지 않고 사업자 또는 기업의 이익을 위해 규제를 완화하는 방향으로 고쳤기 때문이다. 2008년에 선박 수명을 20년에서 25년으로 늘였고, 2009년에는 다시 30년으로 늘였다. 주의와 감독만 일정하게 하면 사고를 일으킨 당사자에게만 책임을 묻고 경영자나 실소유주에게는 책임을 묻지 않겠다는 조항도 삽입하여 처벌도 완화해주었다. 한마디로 한비가 패망의 조짐이라 말한 짓을 저지른 것이다.

> "군주가 꾀를 부려 법을 왜곡하고 사적인 일로 공적인 일을 수시로 어지럽히며 법령과 금령을 쉽게 바꿔 명령을 자주 내리면, 망하게 된다."
> —「망징」

이런 규제 완화 덕분에 청해진 해운은 일본에서 수명이 다한 18년 된 배를 사서 과적을 용이하게 할 수 있도록 구조를 변경했다. 이것으로 막대한 이익을 챙겼음은 두말할 나위가 없다. 대체로 선령(船齡, 새로 만든 배를 처음으로 물에 띄운 때로부터 경과한 햇수)이 20년을 넘기면 위험한데, 2007년에는 선령이 20년 이상인 여객선이 전체의 10%에 불과했으나 2012년에는 30%로 증가했다. 그만큼 국민들의 생명은 더 크고 광범위한 위험에 노출된 셈이었고, 결국 세월호 참사로 이어지게 되었다.

> "군주가 법을 버리고 민심조차 저버리면 남의 것을 함부로 차지하지 않는 백이(伯夷) 같은 사람도 위태로워지고, 전상(田常)이나 도척(盜跖) 같은 자들이 함부로 보위를 빼앗는 재앙을 벗어나지 못한다. 이제 천하에는 백이 같은 이가 단 한 명도 없고 간사한 자들만 끊이지 않고 생겨나니, 법과 객관적 기준을 세워야 한다. 객관적 기준이 믿을 만하면 백이

가 옳은 길을 잃지 않을 수 있고 도척은 비행을 저지를 수 없다. 법이 분명하면 똑똑한 자가 못난 자의 것을 빼앗을 수 없고, 강한 자가 약한 자를 침해할 수 없으며, 다수가 소수에게 횡포를 저지를 수 없다." —「수도(守道)」

도찐개찐에 설상가상이라

세월호 참사는 단순히 해운법 개악만으로 해서 일어난 것이 아니다. 국민의 생명과 안전을 지키기 위해 나섰어야 할 관련 기관과 정부의 무능력 및 무책임이 더해져서 빚어진 참극이었다. 수백 명의 선량한 국민이 천천히 가라앉고 있는 동안, 구조 체계는 제대로 돌아가지 않았다. 이익에 눈이 멀었던 청해진 해운에서는 탑승 인원조차 파악하지 못해서 번복하기 일쑤였다. 사고대책본부는 전혀 대책 없는 본부였음을 요란하게 증명해 보였다. 이는 오자서가 말한 '이 기회를 타서 아주 가라앉히는 짓'을 관련 기관과 정부가 한 것이나 다름이 없다.

게다가 세월호가 침몰하고 있던 시간에 행정부의 수반인 박근혜 대통령은 행적이 묘연했다. 여전히 그 문제의 '일곱 시간'은 해명되지 않고 있다. 사실 어떤 해명도 의미가 없다. 그 어떤 대통령보다도 원칙을 강조했던 박근혜 대통령이 아닌가. 그렇다면 당시 대통령의 행보는 원칙에 맞았던가? 해명하지 않는 것도 원칙에 맞는 것인가?

2015년 4월 15일 오후에 박근혜 대통령은 '세월호 1주기 현안점검회의'를 주재하면서 세월호 1주기 추모행사와 관련한 정부의 지원과 준비상황을 보고 받고는 미진한 점이 없는지를 직접 점검했으며, 또 대통령이 지난해 약속했던 세월호 희생자 가족과 생존자들에 대한 지원 사항과 추모비 건립을 비롯한 추모 관련 사업들이 제대로 진행되고 있는지도 보고받았다. 그런데 유가족들이 그토록 반대하는 '세월호 특별법 시행령'과 관련해서는 "원만하게 해결하라"고 지시하는 데서 그쳤다. 원칙이나 법에 따라서가 아니라 '원만하게'라니! 도대체 누구를 위한 '원만하게'라는 말인가!

세월호 침몰에 대한 진상조사를 위해서 우여곡절 끝에 세월호 특별법이 만들어지고 특별조사위원회가 구성되었다. 그러나 2015년 3월 27일에 해양수산부는 '4·16 세월호 참사 진상규명 및 안전사회 건설 등을 위한 특별법 시행령 제정안'을 입법 예고했다. 어처구니가 없다. 해양수산부는 조사를 받아야 할 곳인데, 어찌 진상규명에 앞장선다는 말인가? 더구나 시행령안은 조사대상 축소, 위원장 등의 권한 축소, 사무처 주요직책을 정부 파견 공무원이 장악하는 등 특별조사위원회를 통제하는 것을 골자로 하고 있다. 원칙도 없고 법치는 아예 없음을 드러낸 후안무치한 짓이다. 이러한데도 대통령은 회의에 참석한 이들에게 "세심하게 배려하면서 잘 치유가 되도록 정성을 다 기울여주기 바랍니다"라고 당부했다는데, 유가족들이 치유되기를 진정으로 바라서 한 말일까?

2014년 5월 19일, 세월호 참사가 일어난 지 한 달여 지난 뒤에 대통령은 대국민담화를 통해 "모든 진상을 낱낱이 밝혀내고 엄정하게 처벌할 것입니다. 그리고 여야와 민간이 참여하는 진상조사위원회를 포함한 특별법을 만들 것도 제안합니다"라고 말했다. 눈물까지 흘리면서 이렇게 말했다! 그런데 1년이 지난 뒤에 세월호 참사의 진상조사를 위한 유가족과 정부 측의 대립은 심각한 지경에 이르렀다. 정부의 수반이 대통령인데, 과연 대통령이 스스로 한 말을 지키고 있는지 또 책임을 다하고 있는지 의문이 들 수밖에 없는 상황이 되었다. 게다가 그때 담화를 발표한 뒤에 마치 도피하듯이 해외 순방을 나섰고, 1년 후 4월 16일에도 그때처럼 또 해외 순방을 나섰다. 이는 세월호 유가족들과 생존자들의 가슴에 대못을 박는 것이나 다름이 없는 짓이다. 나라 안에서 원한을 풀기는커녕 도리어 원한을 쌓아가고 있으니, 어찌 정치가 이루어지고 있다고 하겠는가.

"관리로서 잘 하는 자는 은덕을 심지만, 관리로서 제대로 하지 못하는 자는 원한을 심는다. 평미레는 곡식의 양을 고르게 재는 도구이며, 관리는 법을 공평하게 집행하는 자다. 나라를 다스리는 자는 형평성을 잃어서는 안 된다." —「외저설 좌하」

법은 국민의 마음에 충실해야 한다

대한민국의 대통령은 취임할 때 "나는 헌법을 준수하고 국가를 보위하며 조국의 평화적 통일과 국민의 자유와 복리의 증진 및 민족문화의 창달에 노력하여 대통령으로서의 직책을 성실히 수행할 것을 국민 앞에 엄숙히 선서합니다"라고 맹세한다. 그럼에도 앞선 대통령은 해운법을 개악함으로써 이 맹세를 저버렸고, 그 뒤의 대통령은 참극을 겪은 유가족들의 호소를 외면하고 책임을 회피하면서 통치의 원칙조차 도외시하고 있다. 이 나라에 과연 법치(法治)가 있다고 말할 수 있을까?

박근혜 대통령은 4월 16일에 해외 순방을 나서면서 "126명의 최대규모 경제사절단과 함께 중남미 순방을 떠나는데 이렇게 우리 경제를 살리기 위해 국민과 기업이 혼신의 힘을 다하고 있다"며 "국민 혈세를 낭비하고 국가재정을 어렵게 하는 쌓이고 쌓인 적폐나 부정부패를 뿌리 뽑지 않고는 경제 살리기 노력은 밑 빠진 독에 물붓기다. 이런 일은 결코 이 정부에서 그냥 넘어갈 수 없다는 각오를 다지고 있다"고 말했다. 쌓이고 쌓인 적폐와 부정부패를 말하면서도 쌓여가는 국민의 원망은 읽지 못했다. 아니, 외면했다. 그럼에도 여전히 자신을 원칙주의자라고 떠벌리고 있다. 법치를 실행하지 않고도 원칙주의자가 될 수 있다는 말인가? 참 희한하다!

어쩌면 진정한 원칙주의자가 아니기 때문에 그토록 되풀이해서 강조하는 것인지도 모른다. 내가 아는 한, 참으로 원칙을 지키는 자는 스스로 원칙주의자라고 말하지 않는다. 그리고 원칙을 지킨다면, 도대체 무슨 원칙을 지킨다는 말인가? 대통령의 원칙은 또 누구를 위한 것이란 말인가? 의문이 아닐 수 없다.

"현명한 군주가 다스리는 길은 법에 충실하고, 그 법은 백성의 마음에 충실하다. 그러므로 다스릴 때는 법대로 하니, 그 군주가 세상을 떠나면 백성은 그를 그리워한다. 요(堯)는 아교나 옻칠과 같은 굳은 약속을 하지 않았으나 당대에 도가 행해졌고, 순(舜)은 송곳 꽂을 땅도 없었으나 후세에 드리울 은덕을 다졌다." —「안위(安危)」

07

첩만 사랑하여 처를 구박하는 경찰

훈련관 녹사 최명전이 노비 첩 삼가이를 지나치게 사랑하여 그녀가 참소하는 말을 듣고서 그 처 김씨를 칼로 찔러 상하게 했다. 또 집안에서 잃어버린 물건이 있으면 김씨의 의복을 팔아서 충당하니, 김씨가 언제나 굶주림과 추위에 고생했다. 사헌부에서 심문하여 밝혀낸 뒤에 형벌을 검토하여 아뢰니, 임금은 그가 공신이라 하여 직첩만 거두고 먼 지방으로 유배시켰다. 그 아내는 이혼시키고, 삼가이는 곤장 100대를 때려서 아주 먼 변방 고을의 관청 노비로 영구히 소속시켰다. —『세조실록』 5년(1459) 11월 4일

『세조실록』에 나오는 위의 기사는 조선시대에 처첩 사이의 갈등이

때로 얼마나 심했는지를 여실하게 보여준다. 대개는 처첩의 갈등이 여인들의 시기와 질투로 말미암은 것이라 여기지만, 그것은 어불성설이다. 성적 욕구 때문이든 자손을 보겠다는 욕심 때문이든 본처만으로는 만족하지 않는 사내들이 먼저 빌미를 제공했다. 또 첩을 들였다 하더라도 총애받는 첩이 횡포를 저지르지 않도록, 본처가 섭섭하게 느끼지 않도록 미리 잘 잡도리했어야 한다. 그래야 본처가 횡포에 시달리지 않고 집안도 화목해질 뿐 아니라 그 자신도 횡액에 걸리지 않는다. 그런데 저 최명전에게서 국민을 마치 적이나 원수처럼 대하는 경찰의 모습이 보이는 건 왜일까?

누구를 그토록 사랑하기에

세월호가 침몰하는 참극이 벌어진 지 꼭 1년이 지난 2015년 4월 16일, 밤부터 세월호 참사 유가족 100여 명은 광화문 누각에 고립되어 있었다. 4월 18일 오후부터는 경찰에 연행되기 시작했다. 4월 18일에 세월호 진상규명과 선체인양 등을 요구하기 위해 개최할 예정이던 '세월호 참사 1주기 범국민대회'에 참여하려던 시민들은 유가족들이 연행된다고 하는 소식을 듣고 광화문 누각 앞으로 향했다. 그러나 이들 시민들을 맞이한 것은 경찰이 설치한 차벽(車壁)과 폴리스라인이었다. 경찰은 차벽을 뚫고 유가족들에게 가려는 시민들에게 물대포와 최루액 따위를 쏘았다. 이쯤이면 전쟁이다. 이런 경찰의 대응을 옳다고 할 수 있을까? 엄연히 집회의 자유가 보장되는 나라인데, 미리 가로막는 것은 과잉 진압이고 공권력의 남용 아닌가? 게다가 차벽은 명백한 불법 행위다.

경찰의 차벽에 대해서는 2011년에 이미 위헌 판결이 났었다. 경찰이 노무현 전 대통령 추모집회가 열리는 서울광장을 차벽으로 봉쇄한 것에 대해, 헌법재판소에서는 "불법 · 폭력집회나 시위가 될 가능성이 있다고 하더라도 이를 방지하기 위한 조치는 개별적, 구체적 상황에 따라 필요 최소한의 범위에서 이뤄져야 한다"면서 "당시 조치는 필요 최소한이라고 보기 어려워 과잉금지 원칙에 위반된다"고 밝혔다. 이미 종료된 공권력 행사에 관한 것이었지만, 2년 가까운 심리 끝에 이 선고를 한 헌법재판소는 "차벽은 이미 없어졌지만 차벽을 만드는 이런 행위가 반복될 가능성이 있어 헌법적 판단이 필요하다"고 밝혔다. 그런데도 그런 행위가 반복되고 있다.

경찰 쪽에서도 할 말은 있었을 터. 4월 20일에 구은수 서울지방경찰청장은 기자 간담회에서 "차벽은 질서유지선의 일종"이라 했고, 서울경찰청은 보도 자료를 통해 "집시법상 '표지'의 사전적 의미는 어떤 사물을 다른 것과 구별하게 하는 표시나 특징이다. (따라서 차벽은) 질서유지선에 해당한다"는 입장을 밝혔다. 이 얼마나 터무니없는 말인가! 차벽이 표지라니. 도대체 누구를 두둔하려고 또 누구를 그토록 사랑하기에 이런 말을 할까?

"나라를 위태롭게 하는 길은 다음과 같다. 첫째는 법을 지키는 신민을 함부로 죽이는 일이고, 둘째는 법을 벗어나 멋대로 제재를 가하는 일이며, 셋째는 남의 손해를 자기 이익으로 삼는 일이고, 넷째는 남의 재앙을 나의 즐거움으로 여기는 일이며, 다섯째는 편안한 사람을 위태롭게 만드는 일이고, 여섯째는 아껴야 할 사람을 가까이하지 않고 미워해야 할 사람을 멀리하지 않는 일이다. 이렇게 되면, 사람들은 삶을 즐거워할 이유를 놓쳐버리고 형벌로 죽게 되는 것도 두려워하지 않게 된다. 사람들이 삶을 즐거워하지 않으면 군주는 존중받지 못하고, 형벌로 죽게 되는 것을 두려워하지 않으면 명령이 실행되지 않는다." —「안위(安危)」

경찰이 법을 지키지 않는다면

기원전 779년, 주 왕조의 유왕(幽王)은 후궁에 행차했다가 포사(褒姒)라는 여인을 보자마자 총애하게 되었고, 아들 백복을 낳기에 이르렀다. 유왕은 결국 신후(申后)와 태자를 폐하고 포사와 백복을 왕후와 태자로 삼았다. 태사인 백양(伯陽)이 탄식했다.

"화근이 무르익었으나, 어쩔 수가 없구나!"

포사가 좀처럼 웃지 않자 유왕은 온갖 방법으로 그녀를 웃게 하려 애썼다. 그럼에도 포사는 여전히 웃지 않았다. 이윽고 유왕은 봉수와 큰북을 만들어 적이 쳐들어와 봉화를 올리는 것처럼 했다. 제후들이 모두 허급지급 달려왔다. 그러나 적은 보이지 않았다. 성 위에서 그런 제후들의 모습을 본 포사가 크게 웃음을 터뜨렸다. 유왕은 그것이 기뻐 여러 차례 봉화를 올렸다. 이런 유왕이었으므로 간사하고 아부를 잘하며 제 잇속만 챙기는 괵석보(虢石父)를 기용하여 국사를 맡긴 것도 어쩌면 당연했는데, 결국 이런 행보는 백성들의 원성을 샀다.

신후가 왕후의 자리에서 내쫓겨 태자와 함께 돌아온 것을 본 신국(申國)의 제후는 노하여 서쪽의 오랑캐인 견융(犬戎)과 함께 유왕을 공격했다. 유왕은 봉화를 올려 제후들의 군대를 불렀으나, 어떤 제후도

오지 않았다. 유왕은 여산(驪山) 아래에서 죽고 포사는 포로로 잡혔으며, 주나라의 재물은 모두 약탈당했다. 흔히 유왕의 몰락을 포사 때문이라 하는데, 어불성설이다. 유왕이 죽은 것은 포사 때문이 아니라 그 자신이 왕으로서 지켜야 할 법과 도리를 저버렸기 때문이다. 그리고 그의 죽음과 더불어 주 왕조는 멸망한 것이나 다름이 없었다. 도읍을 호경(鎬京)에서 동쪽 낙읍(雒邑, 낙양)으로 천도해야 했을 뿐 아니라 강력한 제후들에 눌려 더 이상 천하의 우두머리 노릇을 하지 못하게 되었기 때문이다. 이른바 '춘추시대'라 부르는 제후들의 시대가 시작된 것이다.

지금 한국의 경찰은 저 유왕처럼 국민의 원성을 듣고 있다. 그럼에도 변명을 하기에 급급하니, 딱한 노릇이다. 누군가가 그렇게 하라고 요구하거나 명령을 내렸더라도 법에 따라 올바로 판단하고 선택하는 것은 결국 경찰 스스로 해야 할 일인데도 법을 수호해야 할 책무를 스스로 저버리고 심지어 차벽을 세우는 불법행위까지 했다. 경찰의 잘못을 따지는 것은 단순히 비난하기 위해서가 아니다. 국가와 국민의 안위가 달린 일이기 때문이다.

"나라의 평안과 위태로움은 옳고 그름을 잘 가리는 데에 달려 있지 국력의 강약에 달려 있지 않으며, 나라의 존속과 멸망은 권력의 허실에 달려 있지 병력의 많고 적음에 달려 있지 않다. 그러므로 제나라는 전차 만 대의 나라였으면서도 명목과 실질이 일치하지 않아 군주가 나라 안에서 헛되이 자리만 지켰고, 명목에 맞는 실질을 충족시키지 못하였으므로 신하들이 군주의 지위를 찬탈하였다." —「안위」

법을 밟는 것은 국민을 밟는 짓

서울경찰청이 보도자료에서 '표지'의 사전적 의미를 운운했으니, '경찰'에 대한 사전적 의미를 한 번 보자. 문자적 의미로는 "경계하여 살핀다"는 뜻이다. 법률적으로는 "국가 사회의 공공질서와 안녕을 보장하고 국민의 안전과 재산을 보호하는 일, 또는 그 일을 하는 조직으로, 국민의 생명 · 신체 · 재산을 보호하고 범죄의 예방과 수사, 피의자의 체포, 공안의 유지 따위를 담당한다"는 뜻이다. 세월호 유가족과 범국민대회에 참여한 시민들에게 경찰이 행한 것이 과연 이 의미에 조금이라도 맞는가?

> "잘 다스려지고 강성해지는 것은 법이 올바로 실행되는 데서 비롯되고, 약해지고 어지러워지는 것은 법을 그릇되게 실행하는 데서 비롯된다."
> —「외저설 우하」

왕이 통치하는 왕정이든 국가의 주권이 국민에게 있는 민주정이든 법은 백성이나 국민을 위해 존재한다. 경찰은 그 법을 지키고 그 법에 따라 국민을 보호하려고 국민이 낸 세금을 녹봉으로 받는다. 그런데 오히려 법을 어기거나 거스르고 있으니, 이는 법을 짓밟는 짓이나 다름이 없다. 법을 짓밟는 것은 그대로 국민을 짓밟는 짓이고 국가의 근간을 뒤흔드는 짓이다.

08

제국의 길을 가로막는 부정부패

공의휴(公儀休)는 노나라 재상으로서 생선을 좋아했다. 온 나라 사람들이 서로 다투어 생선을 사서 그에게 바쳤다. 공의휴는 받지 않았다. 그 아우가 충고했다.

"형님은 생선을 좋아하시면서 받지 않으시는데, 무슨 까닭입니까?"

공의휴가 대답했다.

"참으로 생선을 좋아하기 때문에 받지 않는 것이다. 내가 생선을 받게 되면, 반드시 남에게 나를 낮추는 기색을 하게 될 것이다. 남에게 나를 낮추는 기색을 하게 되면 법령을 어기게 될 것이다. 법령을 어기면 재상 자리에서 쫓겨날 것이다. 그렇게 되면 비록 생선을 좋아할지라도 아무도 나에게 생선을 가져다주지 않는다. 나 또한 스스로 생선을 사 먹지 못할 것이다. 만약 생선을 받지 않으면 재상 자리에서 쫓겨날 일이 없을 것이고, 그러면 좋아하는 생선을 나 스스로 오래도록 사 먹을 수 있다."
―「외저설 우하」

한나라 문제(文帝) 12년(기원전 168년)에 "염리(廉吏)는 백성의 표상(表象)이다"라고 하면서 200석의 녹을 받는 염리에게 비단 세 필을, 200석 이상의 녹을 받는 염리에게는 100석당 비단 세 필을 각각 수여하였다고 한다. 여기서 말한 염리는 청렴한 관리를 뜻한다. 진한(秦漢) 제국에 들어서 비로소 관료제가 자리를 잡았는데, 이때 이미 청렴한 관리를 표창하려 했다는 것은 그만큼 뇌물을 받지 않고 검소하게 살며 자신의 직분에 충실했던 관리가 드물었다는 뜻이리라.

우리나라 역사에서는 조선시대에 청렴결백한 관리를 양성하고 표창하기 위해 청백리(淸白吏) 제도를 두었다. 물론 정확하게 언제 제도화되었는지는 알 수 없으나, 『조선왕조실록』을 보면 중종(中宗) 때에 청백리의 자손을 등용하는 문제에 대해 거듭 논의한 기록이 나온다. 특히 중종 9년(1514년) 10월 25일에 대사간 최숙생((崔淑生) 등이 올린 상소의 내용 가운데 "염치(廉恥)는 나라의 네 가지 기강(紀綱) 중 하나이니, 확충하지 않을 수 없습니다. 근래 사람의 마음이 예스럽지 못하여 염치의 도리가 없어져서 지방의 수령들이 자주 탐오죄(貪汚罪)에 걸려 그 누(累)가 자손에게 미치니 그 법이 대개 엄중합니다. 다만 청백리(淸白吏)가 있다는 말은 듣지 못하겠으니, 대개 있지마는 사람들이 모르는 것입니까?"라고 말한 대목이 있다. 그러면서 청백리의 자손을 찾아내 벼슬을 내림으로써 기풍을 쇄신하자고 했다. 이로써 성리학의 나라였던 조선시대에도 탐오한 짓을 저지르는 관리가 많고 청백리는 매우 드물었음을 짐작할 수 있다.

이렇게 중국에서나 조선에서나 부패하고 탐오한 자가 많고 염리나 청백리가 드물었다고 해서 이를 당연하게 보고 말 것인가? 부정부패가 제국을 무너뜨리고 왕조를 뒤흔든 역사를 돌이켜보면, 이를 결코 가볍게 볼 수 없으리라.

누가 부패와의 전쟁을 선포하는가

"신불해는 한(韓)나라 소후(昭侯)를 보좌했다. 한나라는 진(晉)나라에서 쪼개져 나온 나라다. 옛 진나라의 법이 아직 끊어지지 않았음에도 한나라의 새 법이 만들어지고, 옛 진나라 군주들의 명령이 아직 거두어지지 않았음에도 한나라 군주의 명령이 또 내려졌다. 신불해는 그 법을 장악하지 못하고 법령을 하나로 통합하지 못해 간사한 일이 많이 생겼다. 이는 이익이 옛 법령에 있으면 옛것을 따르고, 이익이 새 법령에 있으면 새것을 따랐기 때문이다. 또 옛것과 새것이 서로 반대되고 앞의 것과 뒤의 것이 서로 엇갈리면, 신불해가 비록 소후에게 (신하를 제어하는) 술(術)을 쓰도록 열 배나 노력해도 간사한 신하들은 여전히 궤변을 늘어놓으며 속일 수가 있었던 것이다. 전차 만 대를 가진 굳센 한나라에 몸을 맡겨 70년이 되었으나 군주를 패왕(霸王)으로 만들지 못한 것은 위에서 군주가 술을 썼음에도 관리들이 법을 삼가 지키지 않았기 때문에 생긴 재앙이다." ―「정법(定法)」

2015년 3월 12일, 정부 서울청사에서 갑작스럽게 대국민담화가 있었다. “당면한 경제 살리기와 개혁을 성공시키기 위해서는 무엇보다 먼저 부패를 척결하고 국가 기강을 바로 세우지 않으면 안 된다는 절박감에 이 자리에 섰다”고 하면서 “국정 운영의 큰 걸림돌은 우리 사회 곳곳에 잔존하고 있는 고질적인 부정부패와 흐트러진 국가 기강”이므로 “정부는 모든 역량과 권한, 모든 수단을 총동원해 구조적 부패의 사슬을 과감하게 끊어내겠다”는 내용이었다.

담화문을 발표한 이는 당시 이완구 국무총리였다. 총리 인준 과정에서부터 논란이 일더니 간신히 인준을 받아 총리가 되어서는 뜬금없이 부정부패 척결을 외쳤다. 그런 그가 자살한 성완종 전 경남기업 회장으로부터 뇌물을 받은 혐의로, 담화문을 발표한 지 불과 한 달 보름여 만에 옷을 벗었다. 촌극도 이런 촌극이 없다!

우리 사회가 부정부패로 말미암아 결코 투명하지 못하다는 사실은 국제적으로도 공인된(?) 일이다. 2014년 12월 3일, 국제투명성기구에서 발표한 공공부문 청렴도에서 한국이 세계 175개국 가운데서 43위, OECD 34개 회원국 가운데서는 27위를 한 것에서도 드러난 일이다. 사실 한국 사회가 이렇게 부정부패가 만연한 사회라는 건 새로 들어서는 정부마다 부정부패 척결을 마치 지상과제인 양 떠들어댄 데서도 확인되듯이 어제오늘의 일이 아니다. 그런데 그렇게 부정부패 척결을 하겠다고 했음에도 왜 좀처럼 나아지지 않는 걸까? 성완종 뇌물 사태를 보면 그 이유가 좀 분명해진다. 바로 부패의 주범이 부패를 척결해야 한다고 나서고 국가의 기강을 무너뜨린 자가 국가의 기강을 세우겠다고 하기 때문이다.

한번 물어보자. 관리는 청렴해야 정상인가, 부패해야 정상인가? 어떤 관리도 어떤 국민도 “부패해야 정상이다”고 말하지는 않을 것이다.

그럼에도 예나 이제나 부정부패가 끊이지 않는 까닭은 무엇일까? 상앙과 한비의 주장대로 인간은 근본적으로 '이익을 좋아하는 본성'을 타고났기 때문일까? 아무래도 그런 것 같다. 역사를 들여다보거나 작금의 실상을 보더라도 청렴한 인물보다 부정부패를 저지른 인물이 훨씬 많으니까. 그래서 "인간의 본성은 착하다"는 맹자의 주장이 선뜻 수용되지 않는 것이리라. 그럼에도 우리는 인간이기 때문에, 지혜가 있고 양심이 있는 인간이기 때문에 누구도 부정과 부패를 당연한 일로 여기지 않는다. 물론, 부정과 부패를 일삼으며 사사로운 잇속을 챙기는 데 혈안이 된 자는 당연하다고 여기겠지만.

"현명한 선비는 몸을 닦아 청렴하고 간사한 신하와 함께 군주를 속이는 짓을 부끄러워하므로 결코 권세를 휘두르는 중인(重人)을 따르지 않는다. 그러나 요직에 있는 무리는 어리석어서 앞날의 우환을 미리 알지 못하는 자들이 아니면 반드시 마음이 더러워서 간사한 짓을 피하지 않는 자들이다." —「고분」

아무도 모르는 듯 다 아는 뇌물수수

최근 한국의 취업준비생들이 가장 선호하는 직업은 아마 공무원일 것이다. 그런 공무원이 반드시 읽어야 할 책이 다산 정약용의 『목민심서』인데, 정작 공무원 지망생이나 공무원들은 거의 읽지 않는다. 베트남의 혁명가 호치민(胡志明, 1890~1969)도 늘 머리맡에 두고서 읽었다고 하는데 말이다. 공익을 위해서나 국민을 위해서가 아니라 고작 밥벌이를 위해 공무원이 되려 하기 때문이리라. 밥벌이로라도 오래 하려면 공의휴처럼 뇌물을 조심해야 한다.

"아전들은 매우 경박하여 들어와서는 말하기를, '이 일은 비밀이라 아무도 아는 사람이 없습니다. 퍼뜨리면 제게 해로운데, 누가 감히 퍼뜨리려 하겠습니까?' 한다. 그러면 수령은 그 말을 깊이 믿고 기꺼이 뇌물을 받지만, 아전은 문 밖에 나가자마자 말을 퍼뜨리는 것을 꺼리지 않고 자신의 경쟁자를 억누르려 한다. 소문은 삽시간에 사방으로 퍼지건만, 수령은 깊이 들어앉아 홀로 있으면서 막연히 듣지 못하고 있으니, 참으로 슬픈 일이다. 양진(楊震)이 말한, 넷이 알고 있다[四知]는 것 외에 '남이 안다'는 것도 막아낼 수가 없다." —『목민심서』「청심(淸心)」

왜 뇌물을 받아먹을까? 아무도 아는 사람이 없으리라 여겨서다. 그러나 어찌 아는 사람이 아무도 없겠는가? 다산은 넷이 알고 있다고 했고, 이에 덧붙여 '남도 안다'고도 했다. 넷이 알고 있다는 말은 후한(後漢) 때의 인물인 양진이 했다.『후한서(後漢書)』「양진열전」에 나온다.

양진이 형주자사(荊州刺史)로 있다가 동래태수(東萊太守)가 되어 부임지로 가다가 창읍(昌邑)을 지나는 길이었다. 그가 형주에서 인재로 천거했던 왕밀(王密)이 마침 창읍의 수령으로 있었다. 그가 양진을 만나러 와서는 밤이 되자 품에서 금 열 근을 꺼내 양진에게 건넸다. 그러자 양진이 말했다.

"나는 그대를 아는데, 그대는 나를 모르는군. 이게 무엇인가?"

왕밀이 말했다.

"깊은 밤인지라 아는 자가 없습니다."

"하늘이 알고 신이 알고 내가 알고 그대가 아네.(天知, 神知, 我知, 子知.) 어찌 아는 자가 없다고 말하는가!"

왕밀은 부끄러워하며 밖으로 나갔다.

왕밀은 아는 자가 없다고 했지만, 양진이 볼 때는 아는 자가 많아도 너무 많다. '성완종 리스트'처럼 뇌물을 준 자 본인이 세상에 다 까발리기도 하지 않는가. 그런데 양진은 세상에 알려질까 두려워서 뇌물을 받지 않았던 것일까? 그렇지는 않다. 뇌물은 관리를, 관리의 삶을 더럽히는 물건임을 알았고 재물보다 더 보배로운 것이 있음을 알았기 때문이다.

송나라의 촌사람이 옥돌을 얻자 이것을 자한(子罕)에게 바치려 했는데, 자한이 받지 않았다. 촌사람이 말했다.

"이건 보배입니다. 마땅히 군자가 지녀야 할 물건이지 저 같은 소인이 쓰기에는 마땅하지 않습니다."

자한이 말했다.

"그대는 옥을 보배로 여기지만, 나는 그대의 옥을 받지 않는 것을 보배로 여긴다네."

촌사람은 옥을 바랐지만, 자한은 옥을 바라지 않았다. —『한비자』「유로(喩老)」

부정부패는 제국의 길을 가로막는다

뇌물은 공명정대하게 처리해야 할 일에서 사사로운 이익을 앞세우면서 주고받는 물건으로, 법질서를 무너뜨리고 국가를 위태롭게 만드는 부정부패의 근원이다. 무엇보다도 사적으로 맺어진 연줄을 중시하게 되므로 현명한 자가 밀려나고 간사한 자가 행세하는 빌미가 된다.

> "이렇게 되면, 뭇 신하들은 법을 제쳐두고 사사로이 권세를 부리면서 공공의 법은 경시한다. 권세가의 집은 자주 드나들면서 군주(국민)의 조정에는 한 번도 참석하지 않으며, 세도가 집안의 편익을 위해서는 온갖 궁리를 다하면서도 군주(국민)의 나랏일에 대해서는 전혀 생각하지 않는다. 관속의 수가 비록 많아도 군주(국민)가 존귀해지지 않고 백관이 다 갖추어져도 나라를 책임질 사람이 없는 까닭이 여기에 있다." —「유도(有度)」

진(秦) 제국의 법령이 가혹하다고 비판했던 한(漢) 제국은 전한(前漢, 기원전 206~기원후 8)과 후한(後漢, 25~220) 모두 환관들과 관리들이 전횡을 일삼으며 부패했기 때문에 쇠퇴하고 멸망했다. 멀리 갈 것 없이, 조선후기를 보라. 유명한 삼정, 즉 전정(田政)·군정(軍政)·환곡(還穀)의 문란은 바로 중앙과 지방의 수령들과 아전들이 저지른 부정으로 말미암은 것이다. 이 부정의 결과 민란이 일어났고, 조선의 토대는 무너지기 시작했다. 다산도 관리들이나 아전들이 저지르는 이런 짓거리에 치를 떨며 이렇게 썼다.

"노환(盧奐)은 여러 차례 큰 고을을 맡아 뛰어난 치적을 남겼고, 사람들은 그를 신(神)같이 두려워하였다. 간악한 자를 다스릴 때는 먼저 그 죄를 처단하고 또 그들이 저지른 죄과를 돌에 새겨 문 앞에 세웠으며, 다시 저지르는 자는 반드시 사형수 명부에 올렸으니, 그 돌을 기악비(紀惡碑)라 했다.

요즘에는 어사나 관찰사들이 간혹 악의 근원이 된 향리를 잡아서 처벌하는 것이 매우 엄하지만 향리들의 권력이 평소에 컸으므로 잠깐 지나면 다시 편안히 제 집에 살 수 있게 되고, 손가락 까딱하는 사이에 제 직책을 도로 맡게 되어 예전처럼 악행을 자행하더라도 이를 따지는 이가 달리 없다. 내가 생각하건대, 어사나 관찰사가 이미 향리의 죄를 적발하거든 그 악행을 돌에 새겨 기록하여 포정문(布政門, 수령이 직무를 보던 관아의 문) 밖에다 세워둔다면 이 돌이 삭아 없어지기 전에는 다시 직임을 맡을 수가 없을 터이니, 반드시 그 악행을 징계할 수 있을 것이다." — 『목민심서』「속리(束吏)」

다산은 간악한 짓을 저지른 아전의 행위를 돌에 새겨야 한다고 할 만큼 분개했다. 비록 아전을 두고 한 말이지만, 관리의 경우에도 마찬가지다. '기악비'를 세우자는 말은 그대로 일벌백계(一罰百戒)하자는 것이다. 부정부패를 막는 일이 결코 쉽지 않기 때문이기도 하지만, 그 부정부패에 제국이 무너지고 왕조가 뒤흔들린 역사를 기억하고 있었기 때문이기도 하다. 그렇듯 부정부패는 제국을 무너뜨리고 왕조를 뒤흔들기까지 하는데, 하물며 부국강병을 이루어 제국으로 나아가고자 함에랴! 지금 부국강병을 이루고자 하는 한국의 발목을 잡고 있는 것도 이 부정부패다. 이 부정부패를 그대로 두고서 제국을 꿈꾼다면, 그건 한낱 백일몽일 뿐이다!

09

그들도 강국을 꿈꾸고 있을까

이 세 마리가 서로 말다툼을 하고 있었다. 그 곁을 지나가던 이가 물었다.

"무엇 때문에 다투고 있는 건가?"

이 세 마리가 입을 모아 말했다.

"살찌고 넉넉한 곳을 다투고 있다네."

"자네들은 섣달이 되어 제사를 지낼 때면 돼지가 띠풀에 그을려서 죽게 될 것은 걱정하지 않고 있는데, 어째서 이걸 걱정하지 않는 건가?"

이리하여 서로 돼지의 몸을 물어뜯으며 피를 빨아 먹었다. 돼지가 야위자 사람들은 그 돼지를 죽이지 않았다. ―「설림(說林) 하」

정곽군보다 어리석은 야당

2015년 4월 29일에 재보궐선거가 있었다. 네 지역에서 의석 네 자리를 두고 벌어진 선거다. 많은 의석을 두고 여당과 야당이 겨룬 것도 아니고 재보궐선거의 특성상 투표율도 낮기 때문에 이 선거의 결과만으로 각 정당이 무얼 잘하고 못했는지에 대해 단정을 짓기는 어려울 수 있다. 그렇지만 근원적인 문제를 다루는 데에는 별 어려움이 없을 것이다.

이 재보궐선거는 '성완종 리스트'로 말미암아 여당인 새누리당이 곤욕을 치르고 있던 상황에서 치러졌다. 그럼에도 제1야당인 새정치민주연합은 호재를 전혀 활용하지 못한 채 단 하나의 의석도 차지하지 못했다. 무소속 한 명에 새누리당이 세 석이었다. 그 때문에 새정치민주연합 내에서는 내분이 일었고, 그 내분은 오래도록 이어졌다. 전화위복(轉禍爲福)이 아닌 전복위화(轉福爲禍)가 된 셈인데, 이렇게 된 이유는 무엇인가?

야당의 패배, 특히 새정치민주연합의 패배는 오래도록 야당 안에서 곪고 있던 종기가 터진 것이나 마찬가지다.(물론 승리한 여당이라고 해서 곪고 있는 종기가 없는 것은 아니다. 승리했다는 데 취해서 종기를 잊고 있을 따름이다.) 저 이 세 마리처럼 친노니 반노니 하면서 편을 갈라서는 서로 비난하며 다투는 데 열중하느라, 자신들이 들러붙어 있는 돼지(정당)가 그을려 죽게 될 것도 몰랐거나 간과했던 것이다. 그 결과가 이 선거의 패배로 나타난 것일 뿐이다. 이 선거 이전부터 보여준 행태는 도대체 정당이 왜 존재하는지, 정당이 우선인지 개인의 이익이 우선인지, 나아가 정당정치가 그저 정당을 위한 정치여야 하는지 국민을 위한 정치여야 하는지에 대한 기본적인 이해나 인식조차 없는 자들의 떼거리 같았다.

제나라의 정곽군(靖郭君)이 자신의 영지인 설(薛) 땅에 성을 쌓으려고 하자, 많은 빈객들이 간언하며 말렸다. 정곽군이 알자(謁者)에게 명했다.

"빈객들을 들이지 말라!"

제나라 사람인 어떤 빈객이 뵙기를 청하며 말했다.

"세 마디 말만 하게 해주십시오. 세 마디가 넘으면 저를 삶아 죽이십시오."

정곽군은 그 말에 그를 만나보았다. 빈객은 종종걸음으로 다가오면서 말했다.

"바다의 큰 물고기(海大魚)!"

그러고는 종종걸음으로 되돌아나갔다. 정곽군이 말했다.

"그 말에 대해 자세히 듣고 싶소!"

"저는 감히 죽음을 걸고 장난할 수 없습니다."

"부디 나를 위해 말해주시오!"

빈객이 대답했다.

"주군은 큰 물고기에 관해 들어보셨습니까? 그물로도 잡을 수 없고 주살로도 잡을 수 없지만, 일단 물 밖으로 뛰쳐나오면 땅강아지나 개미들도 그 물고기를 마음대로 다룰 수 있습니다. 이제 제나라는 주군에게 있어 바다와 같습니다. 주군이 제나라에 오래도록 있을 수 있다면 어찌 설 땅이 문제가 되겠습니까? 주군이 제나라를 잃게 되면 비록 설 땅에 하늘에 닿을 만한 성을 쌓더라도 아무런 도움이 되지 않습니다."

정곽군이 말했다.

"옳은 말이오!"

곧 공사를 멈추게 하고 설 땅에 성을 쌓지 않았다. —「설림 하」

군자의 붕당은 가능한가

중국 송대(宋代, 960~1279)에는 '사대부(士大夫)'라는 새로운 문인 지식인층이 등장했다. 사나 대부 모두 원래는 중국 고대부터 존재했던 신분이지만, 송대에 들어서 과거제를 통해 관료가 된 계층을 가리키게 되었다. 이런 사대부의 본보기가 되는 인물로 범중엄(范仲淹, 989~1052)을 꼽을 수 있는데, 그는 인종(仁宗, 1010~1063)에 의해 부재상에 임명되자 관리제도를 정비하여 인재를 양성하며 무력을 강화하는 개혁을 제안하고 실시했던 개혁가였다. 당시 워낙 사회가 부패했던 탓에 개혁은 실패로 돌아갔지만, 사대부로서 그의 정신은 그가 지은 「악양루기(岳陽樓記)」에 잘 표현되어 있다.

"조정에서 고관으로 있을 때는 백성의 삶을 걱정하고, 강호에 떨어져 나와 있을 때는 군주의 일을 걱정한다. 나아가서 벼슬할 때도 걱정하고, 물러나서도 걱정한다. 그러면 도대체 언제 즐거워하는가? 천하 사람들보다 먼저 걱정하고, 천하 사람들보다 나중에 즐거워한다."

범중엄은 인종의 총애를 받았으므로 얼마든지 부귀를 누릴 수도 있었으나, 검소한 생활을 하면서 늘 백성을 생각했다. 그가 부재상이 되기 전 일이다. 곽황후(郭皇后)의 폐립문제를 놓고 찬성파인 재상 여이간(呂夷簡)과 대립했다가 요주로 좌천되었는데, 이때 윤수(尹洙), 구양수(歐陽脩, 1007~1072) 등이 그를 지지하여 차례로 조정에서 물러나며 그들 스스로를 '군자의 붕당'이라 일컬었다. 이 때의 일로 구양수는 나중에 「붕당론(朋黨論)」이라는 글을 지었다.

구양수는 "소인은 붕당이 없고 군자만 붕당이 있다"고 했다. 소인은 녹봉과 이익을 좋아하고 재화를 탐내는 자이기 때문에 오로지 이익을 함께할 때에만 무리를 짓고 붕당을 이루며, 이익을 대하면 앞을 다투다가 이익이 다하면 서로 멀어지고 심지어는 서로 해쳐서 그들의 형제나 친척이라도 서로 지켜주지 못하게 된다고 했다. "소인은 벗이 없으며, 잠시 벗이 되더라도 그것은 거짓이다"라고도 했다.

군자는 그렇지 않아서 "지키는 것은 도리와 올바름이고, 행하는 것은 충성과 신의이며, 아끼는 것은 이름과 절개다"라고 했다. 그러므로 그들의 사귐은 참되고 이익에 의해 휘둘리지 않으며, 처음부터 끝까지 한결같다고 했다. 그런데 과연 이런 군자의 붕당이 가능할까? 군자인 선비도 드문데, 그들의 붕당이 과연 가능하기는 할까?

조선시대에도 붕당은 있었다. 성리학의 계승자로 자부하면서 훈구파를 비판하며 정계에 진출했던 사림(士林) 세력은 선조(宣祖) 대에 정국의 주도권을 장악하면서 스스로 붕당을 짓기 시작했다. 처음에는 학문적 · 정치적 입장에 따라 붕당을 지었으므로 붕당을 통해 정치는 활성화되고 사림의 정치 참여폭은 더욱 넓어지게 되었다. 정치 세력 간의 비판과 견제를 통해 올바른 정치를 추구하게 하는 긍정적인 역할을 수행했던 것이다. 그러나 시간이 흐르면서 국가의 안정이나 백성의 평안보다는 자기 당파의 이익을 우선하게 되면서 건전한 정치 세력으로서 기능을 상실해갔다.

학문이나 이념보다는 학연과 지연, 문벌 따위를 내세우면서 당파간의 대립과 분열은 격렬해졌고 이윽고 당쟁으로 격화되었다. 그리하여 동인(東人)과 서인(西人)에서 시작되었다가 이내 동인이 다시 남인(南人)과 북인(北人)으로 갈라졌고, 북인은 또 대북(大北)과 소북(小北)으로, 대북은 골북(骨北)과 육북(肉北)으로, 소북은 청북(淸北)과 탁북(濁北)으로 나뉘었으며, 광해군을 몰아내는 정변(인조반정)으로 권력을 장악한 서인도 공서(功西)와 청서(淸西)로 나뉘어 대립했다.

이렇게 당쟁이 거듭되면서 사림정치는 스스로 위기를 맞았고, 이윽고 외척들에 의한 세도 정치가 시작되는 빌미를 제공했다. 결국 조선후기의 정치적 문란은 바로 붕당정치가 제대로 작동하지 못하고 쟁론에 열을 올리면서 심각해졌다고 해도 과언이 아니다. 영조와 정조가 그렇게 부심하여 내놓은 탕평책(蕩平策)도 이런 당쟁을 막으려는 노력의 산물이었다.

과거 신분제 사회에서는 백성들이 붕당정치에 대해 왈가왈부할 처지가 못 되었으나, 다행히 지금은 국민이 투표를 통해 정당을 선택하고 의원을 뽑을 수 있는 시대다. 국민들이 냉철하게 판단하고 선택하며 감시와 비판을 소홀히 하지 않는다면, '소인의 붕당'만큼은 막을 수 있지 않을까?

"군주를 잊고 조정 밖에서 연줄을 맺으며 제 패거리만 추천하는 풍토가 되면, 아랫사람이 윗사람을 위하는 마음이 엷어질 것이다. 연줄을 맺는 자들이 많아지고 패거리가 늘어나 안팎에서 붕당을 이루면, 비록 커다란 잘못을 저질러도 덮어주는 자들이 많아질 것이다. 이리하여 참된 신하는 아무런 죄가 없는데도 죽을 위험에 처하고, 간사한 신하는 아무런 공이 없는데도 편하게 이익을 누린다. 참된 신하가 죄도 없이 죽을 위험에 처하게 되면 뛰어난 신하는 몸을 숨길 것이고, 간사한 신하가 공도 없이 편하게 이익을 누리게 되면 간사한 신하들이 설쳐댈 것이다. 이것이 쇠망의 근본이다." —「유도」

강국을 꿈꾸는 정당이어야

한비는 군주론을 펼쳤다. 그는 군주를 귀하게 여기고 신하를 가벼이 여겼으며, 군주가 신하의 속셈을 잘 파악하고 제어해야 한다고 말했다. 이는 백성과 나라를 위해 통치를 하려는 군주와 달리, 신하는 자신의 이익을 위해 권력을 얻으려 한다고 보았기 때문이다. 저 옛날 한비가 가벼이 여긴 신하가 지금 국민들의 투표에 의해 선출되는 의원에 해당한다. 그 의원들이 무리를 이루어 서로 정권을 쥐려고 하는 것이 정당정치다.

우리 사회에서 흔히 쓰는 "정치적이어야 한다"는 말에는 도의와 올바름만으로는 사회생활을 하거나 경제활동을 하기 어렵다는 의미가 깔려 있다. 그만큼 한국의 정치는 도의와 올바름과는 거리가 멀었다는 뜻이기도 하다. 그러나 분명한 것은 도의와 올바름을 제쳐두고는 무엇이든 오래할 수 없고 떳떳할 수 없다는 사실이다.

20세기 이후 한국의 현대정치사를 보라. 얼마나 많은 정당들이 등장했다가 가뭇없이 사라졌는가? 그 모든 정당들이 술수를 부리지 않고 협잡을 일삼지 않아서 사라졌겠는가? 어떤 정치가든 어떤 정당이든 국민을 우선하지 않는다면, 강국을 꿈꾸지 않고 사욕을 채우려 한다면, 언제든지 버림받거나 몰락할 수 있다는 사실을 잊지 말아야 한다. 이치는 간단하다. 국민과 나라가 없으면, 정치가도 정당도 설 곳이 없다!

"훼(螝)라는 뱀이 있다. 몸은 하나인데 입이 두 개 있어 먹을 것을 다투다가 서로 물어뜯어 끝내는 같이 죽고 만다. 신하들이 권력을 다투다가 나라를 망치니, 모두 이 훼와 같은 무리다." —「설림 하」

10

잔혹한 교육이 낳은 잔혹 동시

학원에 가고 싶지 않을 땐
이렇게

엄마를 씹어 먹어
삶아 먹고 구워 먹어
눈깔을 파먹어
이빨을 다 뽑아버려
머리채를 쥐어뜯어
살코기로 만들어 떠먹어
눈물을 흘리면 핥아 먹어

심장은 맨 마지막에 먹어

가장 고통스럽게

「학원가기 싫은 날」이라는 시다. 내용을 있는 그대로 받아들인다면, 정말 끔찍하기 짝이 없다. 더구나 이 시가 초등학생의 작품임을 알게 된다면, 끔찍함에 충격까지 더해질 것이다. 그래서인지 이 시를 실은 동시집 『솔로 강아지』(가문비출판사, 2015)가 출간되자 곳곳에서 비난과 탄식이 일었다. 끝내 열혈 학부모들이 출판사에 몰려가서 시집을 없애라고 항의를 했고, 마침내 전량 회수되어 폐기되었다.

3월 30일에 출간되어 불과 한 달이 조금 지나서 출판사에 의해 폐기되기까지 많은 논란이 또한 있었다. 예술성이나 작품성을 따지지 않고 또 동시집 전체가 아닌 겨우 한 작품만 가지고 문제를 삼았다는 둥, 표현의 자유를 허용할 수 있는 수위를 넘어섰다는 둥 실로 논란할 것이 적지 않았는데, 폐기 처분되면서 논란도 잦아들었다. 그런데 왜 폐기된 동시집에 실린 시를 가지고 이렇게 뒤늦게 논란하는가? 우리 교육을 되돌아보게 하기 때문이다.

교육이라는 이름의 잔혹 행위

저 끔찍한 내용의 시를 두고 '잔혹 동시'라고 부르고 있다. 누가 붙인 말인지는 모르지만, 묘하게 진실을 드러내고 있어서 적절하다는 생각이 든다.

이 동시를 지은 이는 이순영이라는 열 살 아이이다. 왜 어린아이가 이런 시를 지었을까? 도대체 이 시로써 무얼 말하려 했을까? 이 시에 담긴 참뜻은 무엇이며, 아이들의 어떤 마음을 담아내려 했을까? 이런 물음을 스스로 던진 어른들도 있지만, 대부분은 이 작품을 묻고 따지고 할 것 없이 부정하고 비난했다. 그런 자세는 교육적으로 이미 잘못된 것이다.

이렇게 내용이나 표현에서 논란이 될 만한 작품이라면, 그것도 어린아이의 작품이라면, 어른들 특히 학부모들은 아이와 아이의 부모를 비난하기 전에, 왜 아이가 이런 시를 짓게 되었는지를 깊이 생각해야 했다. 그런데 그러지 않았다. 반성하는 학부모는 좀처럼 찾기 어려웠다. 반성을 할 줄 모르는 학부모, 바로 이들이 교육이라는 미명 하에 아이들에게 잔혹한 짓을 계속하는 주범들이다.

'강남엄마'를 아는가? 오래 전 텔레비전에서 〈강남엄마 따라잡기〉(2007년)라는 드라마가 방영된 적이 있었다. 한국 교육의 현주소, 특히 사교육의 실상을 적나라하게 보여주었는데, 거기 나오는 강남엄마는 결코 허구가 아닌 실재였고 여전히 실재한다. 강남엄마는 아이를 이른바 SKY대학에 보내기 위해서 어릴 때부터 영재교육과 선행학습을 시키며 갖가지 스펙을 쌓게 하는 데 온 힘을 기울이는, 참으로 열성적이고 발빠른 학부모를 가리킨다.

강남엄마의 힘은 '정보력'이라고 하며, 그 정보력이 바로 아이의 성적과 미래를 결정한다고 한다. 늦은 밤, 서울 대치동 학원가를 가보라. 초등학생들이 밤 11시가 되어서야 피곤한 몸을 이끌고 귀가하는 풍경이 날마다 연출되고 있다. 강남엄마들의 열성이 빚어낸 현상이다. 귀가했다고 일과가 끝나는 것도 아니다. 다시 공부를 더하거나 숙제도 해야 한다. 그러니 잠자리에 드는 시각도 꽤 늦어, 대체로 새벽 한 시나 두 시쯤이다. 아이들을 교육이라는 이름으로 닦달하는 이들이 강남엄마인데, 저 시 속의 엄마와 겹치지 않는가?

이 시가 논란이 된 뒤인 5월 18일, 한국거래소 국제회의장에서 '2015 한국 아동의 삶의 질에 관한 국제 심포지엄'이 열렸다. 세계 15개국을 대상으로 어린이의 삶에 대한 만족도를 조사한 결과가 여기서 발표되었다. 전 세계 15개국의 10세에서 12세 어린이들 53,000명을 상대로 삶에 대한 만족도를 조사한 것이다. 조사 결과, 한국의 어린이들은 물질적인 풍요를 누리기는 하지만 만족도는 가장 낮은 것으로 나왔다. 꼴찌였다. 왜 이런 결과가 나왔는가는 새삼 물을 필요도 없으리라. 대부분의 어른들, 학부모들은 이미 알고 있으니 말이다. 학교에 학원까지, 선행학습이니 학원 숙제니 해서 밤늦도록 공부에 시달려 잠은 늘 부족하고, 받고 싶은 건 사랑인데 정작 받는 건 닦달과 꾸중, 야단뿐이기 때문이다. 어찌 아이들이 힘들지 않고 괴롭지 않겠는가? 참으로 답답하다.

이런 답답한 세태를 두고 저 한비도 이렇게 일갈했다.

"자식을 사랑하는 자는 자식에게 자애롭고, 생명을 중시하는 자는 자신의 몸에 자애롭고, 공적을 귀하게 여기는 자는 자신의 일에 자애롭다. 자애로운 어미는 어린 자식이 행복해지도록 힘쓰는데, 어린 자식이 행복해지도록 힘쓸 때면 재앙을 제거하는 일에 힘쓰고, 재앙을 제거하는 일에 힘쓰면 사려가 깊어지고, 사려가 깊어지면 사리를 터득하고, 사리를 터득하면 반드시 공을 이루고, 반드시 공을 이루면 행동할 때 망설이지 않고, 망설이지 않는 것을 '용기'라 한다." —「해로(解老)」

애정이 결핍된 조기 교육의 비극

"마음에 화가 일어나면 견디지 못하여 사람을 죽이거나 닭 같은 짐승을 죽여야 마음이 풀어집니다."

"어째서 그리 하느냐?"

"마음이 상해서 그렇게 되었습니다."

"어찌하여 상했느냐?"

"사랑하지 않으시니 서럽고, 꾸중하시니 무서워 그것이 화가 되어 그렇게 되었습니다."

『한중록』에 나오는 한 대목이다. 『한중록』은 조선시대 가장 비극적인 사건, 즉 사도세자(思悼世子, 1735~1762)가 뒤주에 갇혀 비참하게 죽은 일에 대해 혜경궁(惠慶宮) 홍씨(洪氏, 1735~1815)가 그 자초지종을 적은 글이다. 위의 대목은 정신질환 증세를 보이던 사도세자가 사람들을 죽인 일을 알게 된 영조(英祖, 1725~1776 재위)가 당장에 그를 불러서 꾸중을 하고 나눈 대화다. 이렇게 슬프고 안타까운 대화가 또 있을까?(있다. 지금 이 땅의 아이들과 그 부모들의 대화가 대체로 이 지경이다.) 어찌하여 아비와 자식이 이런 대화를 나누게 되었을까?

사도세자는 영조가 서른여덟 살 때 태어났다. 그보다 7년 전에 큰아들을 잃은 영조가 마흔이 다 되어서 다시 얻은 아들이니, 얼마나 기뻤을까? 기쁨이 컸던 만큼 영조의 기대도 아주 컸다. 사도세자는 태어나자마자 원자에 책봉되었고, 장차 왕이 될 사람이었으므로 조기 교육을 받게 되었다. 그래서 백 일도 채 되지 않은 아기를 생모의 품에서 떼어 놓고, 동궁으로 옮겨 궁녀들의 틈바구니에서 자라게 하고 또 배우게 했다. 이것이 비극의 시초였음은 불문가지다.

부모의 사랑을 받지 못한데다 영조는 또 무서운 아비였다. 사도세자는 영조를 만나면 쭈뼛쭈뼛했다. 영조는 그런 태도가 못마땅해서 꾸중을 했고, 그러면 세자는 더욱 무서워하며 움츠러들었다. 결국 세자는 열 살이 넘으면서 정신질환 증세를 보이기 시작했고, 전혀 나아질 기미는 없이 점점 악화되었다. 영조는 영조대로 불만이었던지, "차라리 미쳐서 발광해버리는 것이 더 낫겠다!"고까지 말했다.(『영조실록』에 나온다.) 어떻게 아비의 입에서 이런 말이 나올 수 있을까? 영조의 욕심과 기대, 그리고 실망이 빚어낸 결과였다. 무엇보다 사랑이 부재했던 것이 가장 큰 원인이었다. 그러나 영조는 몰랐다. 욕심이 앞서니 사랑을 버리고 사리에서 벗어난 아비 노릇을 한 것임을.

"사람이 욕심을 가지면 분별이 흐트러지고, 분별이 흐트러지면 욕심이 심해진다. 욕심이 심해지면 간사한 마음이 일어나고, 간사한 마음이 일어나면 사리가 끊어진다. 사리가 끊어지면, 재앙과 환난이 생긴다. 이로써 보면, 재앙과 환난은 간사한 마음에서 생기고, 간사한 마음은 욕심에서 이끌려 나온다. 욕심을 부리게 하는 것들은 나아가서는 선량한 백성들을 간사하게 만들고, 물러나서는 착한 사람이 재앙을 입도록 만든다." —「해로」

아이가 건강해야 국가도 부강해진다

한국은 작은 나라다. 천연자원도 별로 없다. 오로지 인재만이 자원이 되고 미래의 자산이다. 그래서 국가적으로나 개인적으로 교육에 쏟는 열의는 그 어떤 나라보다도 더하다. 이런 '교육열'은 한국을 대표하는 브랜드나 다름이 없을 정도다. 미국의 오바마 대통령이 몇 차례나 칭송할 정도였으니. 우리나라의 이런 교육열은 예부터 내려온 전통이요 유산이라 해도 지나치지 않다. 그러나 맹목적인 교육열은 때로 싸늘한 무관심보다 위험할 수도 있다.

지금 교육 현장에서 벌어지는 사태들, 교사가 학생을 성희롱하거나 성폭행하는 일, 학부모가 학교를 찾아와 교사를 폭행하는 일, 학생들끼리 서로 따돌리며 괴롭히는 일 등등은 오로지 시험을 위한 교육이 인성을 어그러뜨린 데서 비롯되었다. 게다가 공교육이 휘청거리는 동안 끊임없이 거세게 부는 사교육 열풍은 이 나라의 교육이 과연 미래를 밝혀주고 부국과 강병을 이룩할 만한 인재를 기를 수 있을지 의문이 들게 만든다.

아이들을 위한 교육이 정도를 걷지 못하고 성적과 일류 대학에만 집착하는 것이라면, 그런 교육을 받고 자란 아이들이 과연 반듯한 사람으로 성장할 수 있을까? 그런 아이들이 과연 부모에게 고마워하며 그 은혜를 마음 깊이 느끼며 간직할까? 까놓고 말해서 부모들이 아무리 열성적으로 시간과 돈을 투자한들 사랑을 주지 못하고 즐겁게 생활하도록 해주지 못했다면, 미래에 그 자식으로부터 보상받는다는 보장은 없다. 이미 잔혹한 교육을 받은 아이들이 20대가 되고 30대가 되었으니, 그들을 보라. 그들의 삶은 성공적인가? 그들은 행복한 생활을 누리고 있는가? 한국인의 행복지수가 얼마나 낮은지는 이미 널리 알려진 일이 아닌가.

"어린아이가 성장한 뒤에 성공할지는 그 능력에 달려 있다. 그렇지만 가르치고 기르는 것이 바르지 않아 아이의 비뚤어진 습관을 그대로 내버려두거나 법도에 맞지 않게 지도하여 아이의 자라나는 원기를 손상시킨다면, 그 책임은 누구에게 돌아갈 것인가?" —『인정(仁政)』「교인문(教人門)」1, 〈동자교(童子教)〉

조선후기의 학자 최한기(崔漢綺, 1803~1877)가 아이를 가르치는 방법은 어떠해야 하는지에 대해 쓴 글의 일부인데, 이 글은 『인정(仁政)』이라는 책에 실려 있다. 『인정』은 위기의 조선이 미래를 위해, 부국강병을 달성하기 위해 정치와 교육에서 어떻게 해야 할 것인가를 쓴 책이다. 교육은 당연히 아동 교육에서 시작되고 그것이 일생의 교육에서 가장 중요한 토대가 된다. 아동을 바르게 가르칠 때, 거기에 부국강병의 꿈이 영근다. 그래서 최한기도 아동 교육의 중요성을 강조했다.

그런데 지금 우리는 부국강병과는 동떨어진 교육 정책을 펴고 있지 않은가? 부국강병은커녕 아이들을 병들게 하고 있지 않은가? 잔혹 동시를 낳은 어른들이 반성하지는 않고 감추기에 급급한 꼴을 보니, 교육이라는 명목으로 들볶이며 신음하고 있는 아이들의 고통이 그칠 날이 오기는 할지 암담하기만 하다!

11

제국의 시대를 열 재상을 찾으라

임금이 좌대언 김종서(金宗瑞)에게 말했다.

"경은 최윤덕(崔閏德)을 아는가?"

김종서가 대답했다.

"사람됨이 비록 학문으로 쌓은 힘은 없으나, 마음가짐이 곧고 바르며 또 뚜렷하게 드러나는 잘못도 없습니다. 무인으로서 그의 재주는 남다르고 뛰어납니다."

임금이 말했다.

"곧고 착실하여 거짓이 없으며 늘 삼가고 직무를 잘 받들어 행하므로 태종께서도 그를 인재라고 여기시어 정부를 위해 써 보셨다. 앞 왕조(고려)와 이 왕조 초기에 간혹 무신(武臣)으로서 재상이 된 이가 있으나, 어찌 그 모두가 윤덕보다 나은 자이겠는가. 그는 수상(首相)이 되더라도 좋다. 다만 말이 알맞지 못한 경우가 많다. 하륜(河崙)이 재상이 되어 모든 일을 결단하고 처리할 때 조영무(趙英武)가 거기에 대해 옳으니 그르니 하는 일이 없었다. 한 사람의 훌륭한 재상을 얻는다면, 나랏일은 걱정하지 않아도 될 것이다." —『세종실록』 14년(1432) 6월 9일

왕이 무소불위의 권력을 쥐고 있다고 해서 그가 모든 나랏일을 처리할 수는 없다. 그 자신이 모든 일을 다 처리하려고 한다면, 오히려 엉망이 되고 만다. 왕은 전체를 파악하고 요점을 꿰뚫어보려 해야 한다. 순자도 "군주는 한 사람의 재상을 살펴서 임명하고, 한 가지 기본법을 시행하며, 한 가지 지침만을 분명히 한다"고 말했다. 여러 관청의 책임자를 골라 앉히고, 모든 일의 처리를 통할하여 조정의 신하들과 여러 관리들의 직분을 정리하는 일은 재상에게 맡기는 것이 적절하다. 그래서 옛날에도 누구를 재상으로 뽑느냐가 흥망의 관건이 되는 경우가 많았다. 세종이 "한 사람의 훌륭한 재상을 얻는다면, 나랏일은 걱정하지 않아도 될 것이다"라고 말한 까닭이 이것이다.

인재를 놓친 자와 얻은 자

2015년 4월 20일, '성완종 리스트'에 연루된 이완구 총리는 결국 사퇴를 표명했다. 그 뒤로 청와대에서는 후임자를 물색하느라 고심에 고심을 거듭했다. 박근혜 정부에서 도덕성 문제로 하차한 총리가 한둘이 아니었으니, 그럴 수밖에 없으리라. 그런 고심 끝에 드디어 꺼낸 카드

가 황교안 법무부장관인데, 이 또한 '돌려 막기 인사'니 '공안 검사 편애'니 하는 논란을 불렀다. 왜 총리가 거듭 사퇴하는 일이 벌어졌는가? 인재를 물색하고 검증하는 시스템이 잘못되었기 때문인가? 도덕성을 가르는 잣대가 지나치게 엄격해서인가? 아니면, 참으로 쓸 만한 인재가 없기 때문인가?

기원전 403년, 주(周) 왕조의 명맥을 간신히 이어가던 위열왕(威烈王)은 위사(魏斯)를 제후로 봉했고, 이로써 진(晉)나라의 대부 가문이었던 위씨(魏氏)는 비로소 제후국을 이루었다. 제후가 된 위사는 곧 위문후(魏文侯)로 불리는, 빼어난 통치술로 위나라를 전국시대 초기 가장 강성한 나라로 만든 군주다. 그는 이회(李悝)를 등용해서 법치를 확립하고, 오기(吳起)를 기용해서 강병의 기틀을 마련했다. 그는 훌륭한 인재를 알아보고 발탁하여 사방으로 영토를 확장했다. 그러나 그의 손자인 혜왕(惠王) 때가 되면 영토는 줄고 나라는 약해진다. 혜왕이 부국강병을 바라지 않아서가 아니라 인재를 쓸 줄 몰랐기 때문이다.

혜왕에게는 공숙좌(公叔座)라는 훌륭한 재상이 있었다. 공숙좌가 병에 걸리자 혜왕이 문병을 가서 물었다.

"공숙은 병이 났소. 만약 죽게 된다면, 이 사직을 어찌해야 한단 말이오?"

"저에게 집안일을 맡아 하는 중서자(中庶子)로 공손앙(公孫鞅)이 있습니다. 왕께서는 그에게 나랏일을 물으시기 바랍니다. 만일 그에게 묻지 않으시려거든 국경 밖으로 내보내지 마십시오."

혜왕은 대답하지 않은 채 밖으로 나와서 좌우 사람들에게 말했다.

"이 어찌 슬픈 일이 아닌가! 공숙과 같은 현자가 과인에게 나랏일을 공손앙에게 들으라고 하니, 어찌 이토록 사리에 어긋날 수 있단 말인가!"

공숙좌가 죽은 뒤, 혜왕은 끝내 공손앙을 쓰지 않았다. 이윽고 공손앙은 천하의 인재를 뽑아 쓰겠다는 구현령(求賢令)을 내린 진(秦)나라로 갔다. 진나라의 효공(孝公)은 그를 만나자 나라를 다스리는 일에 대해 여러 차례 이야기를 나누면서 확신을 가진 뒤에야 그를 발탁했다. 이때 공손앙은 스물을 갓 넘긴 청년이었다. 그럼에도 효공은 한번 발탁하자 절대적으로 그를 믿고 일을 맡겼으며, 반발하는 세습 귀족들이 있으면 효공 자신이 달래거나 억눌렀다. 공손앙은 변법으로 대대적인 혁신을 이룩하여 진나라를 강성하게 만들었다.

개혁이 성공하여 부강해지자 상앙은 진나라와 황하를 경계로 하면서 위협이 되고 있는 위나라를 쳐야만 동쪽으로 나아갈 수 있다고 효공에게 건의했다. 그리하여 군사 5만을 이끌고 위나라로 쳐들어가 도성인 안읍(安邑)까지 들이닥쳤다. 결국 혜왕은 대량(大梁, 지금의 개봉)으로 도성을 옮겨야 했다. 그때 그는 이렇게 탄식했다.

"내가 전에 공숙좌의 말을 듣지 않은 것이 참으로 한스럽구나!"

이후 위나라는 양(梁)나라로 불렸고, 쇠락의 길을 걸었다. 공손앙은 이 공적으로 효공으로부터 상(商) 땅을 봉읍으로 받았다. 그리하여 후세에 상앙(商鞅)으로 불리게 되었다.

이에 대해 훗날 사마광(司馬光)은 『자치통감』에서 이렇게 논평했다.

> "진나라는 효공이 상앙을 맞아들인 뒤에 날로 강해졌고, 위나라는 상앙을 놓친 뒤에 날로 영토가 줄어들었다. 이는 공숙좌가 어리석었기 때문이 아니라 혜왕이 어리석었기 때문이다. 어리석은 자의 가장 큰 우환은 참으로 어리석지 않은 자를 어리석은 자로 여기는 데 있다."

인재를 얻어 천하도 얻은 유방

후회란 본래 뒤늦게 뉘우치는 것이어서 아무리 빨라도 늦다. 그런데 혜왕이 공숙좌의 말을 듣지 않았다고 무조건 탓할 수만도 없다. 한비도 이렇게 말했으니까.

> "만약 세상의 평판을 기준으로 기용한다면 신하의 마음은 군주를 떠나고 아래로 자기들끼리 패거리를 지을 것이며, 파당을 근거로 관리를 등용한다면 백성은 연줄을 맺는 데만 힘쓰고 법에 따라 임용되기를 바라지 않을 것이다. 그렇게 되면 능력 있는 관리를 잃게 되어 그 나라는 어지러워질 것이다." —「유도」

결과적으로 혜왕은 공손앙을 쓰지 않아서 도성을 빼앗기고 영토를 잃었다. 그러나 진즉에 공숙좌가 공손앙을 천거했더라면 혜왕이 시험해보고 발탁해 쓸 수 있었을 것이다. 공숙좌가 죽음을 앞두고서야 비로소 혜왕에게 공손앙의 존재를 말한 것은 때늦은 일이면서 불충한 짓이었다. 그렇기는 해도 공숙좌의 말에 따라 공손앙을 한번 만나보는 일조차 그렇게 어려웠을까?

효공이 공손앙을 얻은 덕분에 백 년이 지나서 진시황이 천하통일이라는 대업을 이룰 수 있었다. 그리고 진시황이 죽고 천하가 혼란해지자 다시 통일을 이룬 유방 또한 인재를 얻음으로써 한낱 건달에서 제왕의 지위에 오를 수 있었다. 유방은 천하를 재통일한 뒤에 신하들과 함께한 자리에서 자신이 천하를 얻고 항우가 천하를 잃은 까닭에 대해 세 사람을 얻었기 때문이라고 말했다. 장량(張良)과 소하(蕭何), 한신(韓

信)이 그들이다.

"군대 막사 안에서 계책을 짜내어 천 리 밖의 승부를 결정짓는 일에서 나는 장량보다 못하다. 나라를 안정시키고 백성들을 어루만지며 수송로가 끊어지지 않게 양식을 보급하는 일에서는 소하만 못하다. 또 백만 대군을 통솔하여 싸웠다 하면 승리하고 공격하면 반드시 점령하는 일에서는 한신만 못하다. 이 세 사람은 모두 인걸이고, 내가 이들을 쓸 수 있었다. 이것이 내가 천하를 얻은 까닭이다. 항우는 범증(范增) 한 사람만 있는데도 믿고 쓰지 못하였으니, 이것이 내게 덜미를 잡힌 까닭이다." —『사기』「고조본기(高祖本紀)」

그렇다. 유방은 소하를 곁에 두고 있었다. 그 소하의 추천으로 한신을 기용하여 항우에 대항할 수 있는 힘을 기르고 세력을 넓힐 수 있었다. 반면에 항우는 자신을 과신하여 현명한 범증의 말을 듣지 않아 결국 허망한 죽음을 맞았다.

애초에 항우는 천하 쟁패에서 유방보다 훨씬 우위에 있었다. 특히 거록(鉅鹿)에서 진(秦)나라 군사를 쳐부수고 또 진나라 장수 장한(章邯)을 항복시킨 뒤에 함곡관(函谷關)을 돌파한 항우가 홍문(鴻門)에 진을 쳤을 때는 유방을 제거할 수 있는 절호의 기회도 있었다. 이른바 '홍문연(鴻門宴)'이다. 먼저 관중(關中)을 차지한 데 대해 사죄하러 온 유방을 머물게 한 뒤, 항우는 밤에 술잔치를 벌였다. 이때 범증이 항우에게 반드시 유방을 죽여야 한다고 간곡하게 말했다. 그러나 항우는 범증의 말을 따르지 않았고, 유방은 유유히 빠져나가 뒷날을 도모했다. 나중에 항우는 진평(陳平)의 계책에 속아 범증을 의심하여 범증의 권력을 빼앗기까지 했다. 이에 범증은 크게 화를 내며 고향으로 돌아갔고, 이내 병이 나서 죽고 말았다. 범증을 잃은 항우는 한낱 싸움을 잘하는 장수에 불과했다. 결국 '사면초가(四面楚歌)'에 내몰려 자살로써 생을 마감했다.

항우를 제압하고 천하를 차지한 유방에 대해서는 평가가 엇갈린다. 본래 주색에 빠져 살았던 건달이었다가 제왕이 되었으니 당연하다. 그러나 저 세 명의 걸출한 인재를 비롯해 수많은 인재를 거느린 일로써 판단하건대, 그에게는 남다른 능력이 있었다고 보는 것이 옳다. 인재를 알아보고 쓸 줄 아는 능력, 그것이 한낱 건달을 제왕으로 만들었던 것이다. 효공처럼 유방도 인재를 쓰기 전에는 의심했으나, 쓰고 난 뒤에는 철저하게 믿었다. 이게 항우와 달랐던 점이다.

"현명한 자에게 관직을 줄 때는 그 능력을 잘 헤아리고, 녹봉을 내릴 때는 그 공적을 잘 저울질한다. 그래야 현명한 자는 제 능력을 속여서 군주를 섬기지 않게 되고, 공적이 있는 자는 제 일을 즐거이 더하게 되므로 일은 이루어지고 공적이 쌓인다. 그러나 지금은 그렇지 않다. 현명한지 못났는지 따져보지도 않고 공로가 있는지 없는지 논하지도 않은 채, 제후들이 중요하게 여긴다고 기용하고 측근들이 아뢴다고 받아들인다."

—「팔간(八姦)」

훌륭한 재상이 제국의 길을 연다

대통령제에서는 국민이 선출한 대통령이 정치적 실권을 쥐고 행정부를 구성하여 국정을 운영한다. 그런데 행정 각 부서를 통괄하는 일은 결코 쉽지 않다. 적임자를 물색해서 검증하여 일을 맡기지 않는다면, 국정은 제대로 운영되지 않는다. 결국 왕정이든 민주정이든 얼마나 유능한 인재를 얻느냐가 국가의 흥망을 가른다고 할 수 있는데, 박근혜 정부는 그 점에서 거듭 실책을 하고 있다. 대통령은 거듭해서 경제를 살려야 한다고 외치는데, 그게 구호로 될 일인가? 현명한 총리를 구하는 '구현(求賢)'을 해야 하는데, 구호로 대신하고 있는 것은 아닌가? 도대체 인재를 구할 마음은 있기는 한가? 아니면, 굳이 총리를 필요로 하지 않는 것인가? 그도 아니면, 총리의 역할과 비중이 얼마나 막중한지 모르는 것인가?

> "합당한 인물을 한 사람 쓸 수 있으면 곧 천하를 차지하게 되고, 합당치 못한 인물을 한 사람 쓰면 나라가 위태로워진다. 합당한 인물을 한 사람도 쓰지 못하면서 천 명이나 백 명의 합당한 인물을 쓸 수 있다는 것은 이론상 있을 수 없는 일이다. 합당한 인물을 한 사람 쓸 수가 있다면, 그 자신이 무슨 수고를 할 일이 있겠는가? 옷자락을 늘어뜨리고 편히 있어도 천하가 안정된다." —『순자』「왕패(王霸)」

총리 문제로 고심하자 야권 인사를 포함해 후보군을 넓혀야 한다는 지적이 나왔다. 그러자 청와대 관계자는 "지난해 세간에 거론됐던 야권 인사를 검증하고 의사를 타진했으나 손사래를 치는 바람에 포기했다"고 말했다는데, 왜 손사래를 쳤을까? 박근혜 정부가 진정으로 인재를 구할 마음이 없다고 여겼기 때문에 거절한 것이 아닐까? 혹은 저 효공이나 유방이 그랬던 것처럼 자신을 절대적으로 믿어주어야 하는데, 그럴 것 같지 않아서 거절한 것은 아닐까? 제나라 환공은 자신을 죽이려던 관중을 썼고, 효공은 다른 나라에서 온 공손앙을 기용했는데.

"탕왕은 이윤을 얻은 덕분에 사방 1백 리의 땅으로도 천자의 자리에 올랐고, 환공은 관중을 얻은 덕분에 춘추오패의 으뜸이 되어 제후들을 아홉 번 규합하고 천하를 바로잡는 업적을 이루었으며, 효공은 상앙을 얻은 덕분에 영토가 넓어지고 군대는 강성해졌다." —「간겁시신」

12

인재가 인재를 추천한다

중모(中牟) 땅에 수령이 없었다. 진(晉)나라 평공(平公)이 조무(趙武)에게 물었다.

"중모는 우리 진나라의 아주 중요한 곳이고 한단으로 가는 주요한 길목이오. 과인은 훌륭한 수령을 그곳에 두고 싶은데, 누구를 시키면 좋겠소?"

조무가 대답했다.

"형백자(邢伯子)가 좋습니다."

"그대의 원수가 아니오?"

"사사로운 감정을 공적인 일에 개입시켜서는 안 됩니다."

평공이 또 물었다.

"재물 창고인 중부(中府)의 관리는 누구를 시키면 좋겠소?"

"신의 자식이 좋습니다."

그러므로 예부터 이렇게 말한다.

"남을 천거할 때는 원수라도 피하지 않고, 가까운 이를 천거할 때는 자식이라도 피하지 않는다."

조무가 천거한 자는 모두 마흔여섯 명이 되는데, 그가 죽자 모두 빈객의 자리에 나아가 조문했다. 그가 은덕을 사사로이 베풀지 않았으므로 이와 같았다. —「외저설 좌하」

인재 추천으로 당 제국을 연 방현령

윤리 도덕이나 충효 관념을 엄격하게 적용하는 후대의 성리학자들이 하나같이 비판하고 매도했으나, 냉정하게 그 역사적 의의를 평가한다면 탁월한 군주로서 새롭게 제국의 질서를 확립했던 인물로 일컬어질 만한 이가 당나라 태종(太宗) 이세민(李世民, 599~649)이다. 그가 '현무문(玄武門)의 변(變)'으로 형인 태자 건성(建成)과 아우인 원길(元吉)을 죽이는 골육상잔을 일으키며 무력으로 권력을 장악하여 제위를 이은 일에 대해서는 비난받아 마땅하지만, 이 정변으로 왕조의 창업에 필연적으로 따르는 불안과 분열을 종식하고 종묘사직을 안정시켜 천하를 평안하게 했다는 사실만큼은 높이 평가해야 한다. 후대에 그의 치세를 두고 '정관(貞觀)의 치(治)'라고 일컫지 않는가!

이세민이 피비린내 나는 골육상잔 끝에 제위에 올라 '정관의 치'를 이룩하는 데에는 수많은 인재들이 큰 몫을 했다. 그가 능연각(凌煙閣)

을 지어 개국공신 24명의 초상을 건 데서도 확인된다. 그 가운데 손꼽히는 인물이 방현령(房玄齡, 578~648)이다. 방현령은 '현무문의 변'에서부터 '정관의 치'를 이루기까지 태종을 보좌하면서 천하를 안정시키는 데에 큰 기여를 했다.

방현령은 본래 수(隋, 581~618)나라에서 하급 관리로 있었다. 천하가 혼란에 빠진 뒤에 이세민이 병사들을 이끌고 위수(渭水) 북쪽 일대를 순행할 때, 그 말고삐를 잡고 만나기를 청했다. 이세민은 방현령을 한 번 만나보고는 이내 의기가 투합하였고, 곁에 두고 그를 썼다. 방현령도 지기(知己)를 만난 사실에 크게 기뻐하며 이세민을 위해 몸과 마음을 다했다. 사방의 도적들이 평정되자 많은 사람들이 앞을 다투어 금은보화를 손에 넣고자 했는데, 방현령만은 그렇지 않았다. 그는 먼저 어디를 가든 인재를 찾아내 태종의 진영으로 보냈다. 모신(謀臣)과 맹장(猛將)이 있으면 은밀히 결속하여 각기 사력을 다해 나라에 보답할 것을 다짐하게 했다. 이런 그를 두고 오긍(吳兢, 670~749)은 『정관정요(貞觀政要)』에서 이렇게 평가하고 있다.

"남에게 뛰어난 점이 있다는 말을 들으면 자신이 그런 것처럼 기뻐했다. 그는 공무에 통달했을 뿐만 아니라 문학에도 뛰어났다. 법령을 심의해 제정할 때는 관대하고 공평한 데 신경을 썼다. 사람을 쓸 때는 완벽하기를 구하지 않고, 자신의 장점을 잣대로 남의 단점과 비교하지 않았다. 능력에 따라 그에 맞는 자리를 주고, 미천한 자와도 격의 없이 지냈다."

방현령은 인재를 보배로 여긴 현명한 신하였다. 난세를 평정할 때든 천하를 안정시킬 때든 인재를 얻는 일이 관건임을 잘 알고 있었다. 그런 방현령이 보좌하였으므로 당 태종은 제국의 기틀을 다질 수 있었다.

국가와 백성을 위해 인재를 추천한 황희

당 제국에 태종이 있듯이 조선에도 태종이 있다. 이방원(李芳遠, 1367~1422)이다. 두 태종은 그 시호에서 드러나듯이 창업의 군주인데, 골육상잔의 비극을 연출한 주인공이라는 점에서도 닮았다. 다만 조선의 태종은 수성보다는 창업에 주력했고, 수성의 과업은 셋째 아들인 충녕대군(忠寧大君)에게 넘겼다. 충녕대군이 곧 조선 최고의 군주로 일컬어지는 세종(世宗, 1418~1450 재위)이다.

세종의 치세 또한 '정관의 치' 못지않았는데, 그런 세종을 보좌한 인물이 황희(黃喜)다. 황희는 조선 왕조에서 청백리의 표상으로 일컬어지는 인물로, 1452년 그가 죽자 실록에서는 그의 졸기(卒記)를 적으며 이렇게 평가했다.

"황희는 관대하고 후덕하며 침착하고 신중하여 재상의 식견과 도량이 있었으며, 풍후한 자질이 크고 훌륭하며 총명이 남보다 뛰어났다. 집안을 다스릴 때는 검소하고, 기쁨과 노여움을 안색에 나타내지 않으며, 일을 의논할 적에는 공명정대하여 큰 줄기를 보존하는 데 힘쓰고 번거롭게 변경하는 것을 좋아하지 않았다. … 재상이 된 지 24년 동안에 중앙과 지방에서 우러러 바라보면서 모두 '어진 재상(宰相)'이라 일컬었

다.” —『문종실록』 2년(1452) 2월 8일

황희가 처음부터 이렇게 좋은 평가를 받았던 것은 아니다. 『세종실록』 10년 6월 25일의 기록을 보면, 심술이 바르지 못해 반대하는 자를 중상하고 뇌물 받기를 좋아하는 '황금 대사헌'이며, 난신인 박포(朴苞)의 아내를 자기 집 북쪽 토굴에 숨겨놓고 간통했으며, 정권을 받은 여러 해 동안 매관매직을 하고 형옥(刑獄)을 팔아 뇌물을 받았다고 하는 등등 부정적이고 비판적인 평가가 있다. 그럼에도 그가 '어진 재상'으로 일컬어진 까닭은 무엇일까? 그것은 그가 인재를 추천하는 데 누구보다 뛰어났기 때문이다.

대쪽 같은 원칙과 풍부한 식견으로 세종의 정치를 보필하는 데 있어 가장 큰 역할을 한 허조(許稠), 북방에 4군을 설치하고 조선전기 국방체계를 강화시킨 최윤덕, 왕명을 정확하게 전달하고 민심을 잘 보고한 안숭선(安崇善), 미천한 신분이라고 버림받을 뻔한 장영실(蔣英實) 등은 황희가 추천한 이들이다. 이들을 추천할 때 반대가 없었던 것은 아니다. 곧잘 격렬한 반대에 부딪쳤으나, 그는 자신의 감식안을 믿고 흔들림이 없이 그들을 적극 추천했다. 그리고 그들은 세종의 치세를 누구보다도 빛냈다.

황희가 인재를 추천하는 기준은 방현령과 참으로 흡사했다. 완벽하기를 구하지 않고, 능력에 따라 그에 맞는 자리를 주는 것이었기 때문이다. 이 때문에 그의 추천을 받았던 허조로부터도 비난을 받기도 했으나, '국가에 필요한 인물인가'를 따져보면 결국 황희의 추천은 적합했음이 입증되곤 했다. 황희는 한비가 말한 그런 현명한 자였다.

"현자는 신하가 되면 북면(北面)하여 폐백을 바친 뒤 결코 두 마음을 품지 않는다. 조정에서는 낮은 자리일지라도 사양하지 않고, 군대에서는 아무리 어려운 일이라도 피하지 않는다. 군주가 하는 일을 좇고 군주의 법을 따르며 사심이 없이 명령을 기다리고 함부로 시비하지 않는다. 그러므로 입이 있어도 사사로이 말하지 않고 눈이 있어도 사사로이 보지 않으면서 군주의 명(국법)을 오롯이 따른다." —「유도」

인재가 인재를 알아보는 법이다

유방이 항우의 위세에 눌려 촉(蜀) 땅으로 들어갈 때, 항우 밑에 있던 한신은 유방의 군대로 갔다. 그러나 한신의 인물됨을 알아보는 이가 없었다. 오직 소하만이 그를 알아보았다. 어느 날, 소하는 한신이 달아났다는 말을 듣자, 유방에게 말할 겨를도 없이 직접 한신 뒤를 쫓았다. 어떤 사람이 유방에게 말했다.

"승상인 소하가 달아났습니다."

유방은 몹시 화를 내며 두 손을 잃은 것처럼 실망했다. 며칠 뒤에 소하가 돌아오자, 유방은 노여움과 기쁨이 뒤섞인 목소리로 소하를 꾸짖었다.

"너는 어째서 도망쳤느냐?"

소하가 대답했다.

"신은 도망친 게 아니라 도망친 자를 뒤쫓아 갔던 것입니다."

"네가 뒤쫓은 자는 누구냐?"

"한신입니다."

"장수들 가운데 도망친 자가 수십 명이나 되는데도 너는 쫓아간 적이 없다. 한신을 뒤쫓았다는 말은 거짓이다!"

소하가 말했다.

"다른 장수들은 쉽게 얻을 수 있습니다. 그러나 이 나라에서 한신에 견줄 만한 인물은 없습니다. 왕께서 계속 한중의 왕으로 만족하신다면 한신을 문제 삼을 필요는 없습니다만, 반드시 천하를 놓고 다투려 하신다면 한신이 아니고는 함께 일을 꾀할 사람이 없습니다. 왕의 생각이 어느 쪽에 있는가에 달린 문제입니다."

소하의 간곡한 부탁으로 유방은 마지못해 한신을 대장군으로 발탁했다. 그런데 이 한신이 유방을 황제로 만들어주는 데 결정적인 구실을 했으니, 소하의 안목이 얼마나 대단한지 알고도 남음이 있다. 이렇게 인재는 세상 모든 나라의 가장 중요한 보배다. 따라서 어떤 인재를 발탁하여 어떻게 쓰느냐가 그 나라의 치란과 흥망을 좌우한다고 하는 말은 군더더기가 될 뿐이다.

그런데 박근혜 정부 들어서 발탁된 총리들마다 자격에 대한 논란이 끊이지 않았는데, 결국 대부분이 전광석화처럼 자리를 내놓고 떠났다. 황교안 총리가 후보자가 되었을 때도 마찬가지로 논란이 되었는데, 총리가 된 뒤의 언행을 보면 과연 일국의 총리로서 그릇이 되는지 의문이다. 대체 누가 어떤 기준으로 그를 후보에 올렸는가?

해호(解狐)는 조간주(趙簡主)에게 자신의 원수를 추천하여 재상으로 삼게 했다. 그 원수는 그가 원한을 풀고 자신을 용서한 것으로 여겨서 곧장 사례하려고 찾아갔다. 그러나 해호는 (화살을 메기지 않고) 활을 당겨 그를 향해 쏘면서 말했다.

"너를 천거한 것은 공적인 일이고, 네가 그 일을 감당할 수 있다고 여겼기 때문이다. 너를 원수로 여기는 것은 나의 사사로운 원한이다. 너에 대한 사사로운 원한 때문에 군주에게 너를 감출 수가 없었다. 사사로운 원한을 공적인 일에 개입시켜서는 안 된다." —「외저설 좌하」

13

대통령은 이렇게 말했다

어떤 사람이 물었다.

"논변은 어찌하여 생기는가?"

내가 대답했다.

"군주가 명철하지 못해서 생긴다."

"군주가 명철하지 못해서 논변이 생기는 까닭은 무엇인가?"

"현명한 군주가 다스리는 나라에서는 군주의 명령이 말 가운데서 가장 귀하고 법이 일 가운데서 가장 알맞다. 말에서는 이쪽저쪽 다 귀한 게 없고, 법에서는 둘 다 알맞다는 게 없다. 그래서 말과 행동이 법령을 따르지 않으면 반드시 금한다. 만약 법령이 없는데도 속임수에 대처하고 변화에 대응하며 이익을 창출하고 앞일을 미리 헤아리는 신하가 있다면, 군주는 반드시 그 말을 잘 가리고 그 실적을 따져봐야 한다. 말이 타당하면 큰 상을 내리고, 타당하지 않으면 무거운 벌을 내린다. 이런 까닭에 어리석은 자는 죄를 두려워해서 함부로 말하지 않고, 지혜로운 자는 그것을 시비하지 않는다. 이것이 현명한 군주가 다스리는 나라에서는 논변이 일어나지 않는 까닭이다." —「문변(問辯)」

난무하는 헛소리와 흰소리

2015년에 '대통령의 화법 또는 발언'을 문제 삼고 풍자하는 일이 크게 유행했다. 이는 대통령이 국정 운영을 책임진 최고 통치권자이기 때문이리라.

5월 12일에 박근혜 대통령이 국무회의에서 이런 말을 했다는 기사가 나왔다.

"우리의 핵심 목표는, 올해 달성해야 될 것은 이것이다 하고 정신을 차리고 나아가면 우리의 에너지를 분산시키는 걸 해낼 수 있다는 그런 마음을 가지셔야 합니다."

박근혜 대통령은 중요한 용건을 수첩에 적어두었다가 챙겨서 읽는 것으로 유명하다. 굳이 적어두었다가 읽어야 할 것이 아닌데도 그렇게 해서 놀림감이 되기도 한다. 그것은 그래도 신중하게 말하려는 것이라 여기고 넘어갈 수 있다. 그러나 정작 말을 꺼내면 두서가 없이 흘러가는 것은 신중함의 문제를 떠난, 심각한 문제다.

다음은 2014년 5월 16일에 세월호 유가족들과 면담하면서 대통령이 했던 말이다.

"그 트라우마나 이런 여러 가지는 그런 진상규명이 확실하게 되고, 그것에 대해서 책임이 소재가 이렇게 되서 그것이 하나하나 밝혀지면서 투명하게 처리가 된다. 그런데서부터 여러분들이 조금이라도 뭔가 상처를 그렇게 위로받을 수 있다. 그것은 제가 분명히 알겠다."

이 말을 들은 유가족들은 전혀 위로받지 못했을 것이다. 오히려 어떻게 반응해야 할지 몰라 당혹스러웠을 것이다. 이렇게 "조리에 맞지 않는 말"을 '헌소리'라 한다. 이런 헌소리를 평범한 사람이 하더라도 비웃음을 사기에 족한데, 하물며 한 나라의 최고 통치권자가 국정과 관련해서 또는 중요한 자리에서 해댄다면 참으로 심각하다 못해 여간 걱정이 아니다.

박근혜 대통령은 메르스(중동호흡기증후군)가 발생한 지 20여 일이 지난 6월 5일 "만약에 지자체나 관련 기관이 독자적으로 이것(메르스)을 해결하려고 할 경우에 혼란을 초래할 뿐 아니라 효과적으로 대응하는데도 도움이 되지 않기 때문에 이 점에 대해 중앙부처와 지자체 간에 긴밀한 소통, 그리고 협업이 있어야 되겠다"고 말했다. 이는 그 전날 밤 박원순 서울시장이 대형병원 의사인 35번째 확진 환자와 관련한 기자회견을 열어 1천5백여 명의 시민이 메르스 위험에 노출됐다고 밝히면서 정부의 방역조치를 비판한 것을 염두에 두고 한 말로 여겨진다. 그런데 정작 정부는 소통이나 협업은커녕 대책조차 제대로 내놓지 못하고 있다가 비판을 받자 부랴부랴 뒤늦은 반박을 했던 것이다. 단순히 뒷북을 친 것이 아니라 뒷북도 찢어진 북을 친 꼴이다.

이틀이 지난 6월 7일에 정부가 한 발표는 화룡점정(?)이었다. 최경환 국무총리 대행이 메르스 환자가 발생하고 경유한 병원명을 공개하며 "확진 환자가 나온 병원 명단 등의 정보를 국민안전 확보 차원에서 공개하고자 한다"고 설명했다. 이 말로 끝맺었어야 하는데, 이에 덧붙여 "박 대통령께서도 지난 6월 3일 메르스 대응 민관합동 긴급점검회의에서 환자가 발생한 의료기관을 투명하게 알려주어야 한다고 지시하셨고, 이에 따라 발생할 수 있는 신고 폭증에 대비한 신고체계 구축 및 격리 병상 추가 확보 등 사전준비를 마치고 공개하게 되었다"고 했다. 참으로 옹색하고 비루한 말이다. 이 모두 박원순 서울시장이 이미 강조했고 또 실행하고 있었던 일이기 때문이다.

정치는 정명에서 시작된다

"터무니없이 자랑으로 떠벌리거나 거드럭거리며 허풍을 떠는 말"을 '흰소리'라 한다. 대통령이 헌소리를 하니, 국무총리 대행은 흰소리를 한다. 국무총리 대행의 흰소리도 결국은 대통령의 의중을 따른 것이니, 대통령이 한 말이나 다름이 없다. 말에 두서가 없고 말의 무게를 감당하지 못한다면, 그 정치는 참으로 종잡을 수 없게 된다.

옛날부터 "왕은 희언(戱言)을 하지 않는다"거나 "왕은 식언(食言)하지 않는다"는 말을 해왔다. 희언은 실없는 말이고, 식언은 자신이 한 말을 어기는 것이다. 저 왕들도 말에서는 그토록 삼갔는데, 지금의 대통령이나 총리는 더욱더 말을 삼가야 한다. 삼가야 한다고 해서 말해야 할 때 말하지 않아서도 안 되고, 또 말을 했는데도 뜻이 불분명해서도 안 된다. 핑계를 대거나 책임을 회피하는 말이어서는 더욱 안 된다. 그런 말들이 많아지는 것은 정치적 능력이 부족함을 드러낼 뿐이다.

자로가 말하였다.

"위나라 군주가 스승을 맞이하여 정치를 한다면, 스승께서는 무엇을 먼저 하시겠습니까?"

공자가 말하였다.

"반드시 이름을 바르게[正名] 할 것이다."

"이렇군요, 스승께서 에두르시는 게! 어찌 꼭 이름을 바르게 하려 하십니까?"

"메떨어지구나, 유(由)야! 군자는 자신이 알지 못하는 것에 대해서는 대도히 제쳐놓는다. 이름이 바르지 않으면 말이 매끈하지 못하고, 말이 매끈하지 못하면 일이 이루어지지 않고, 일이 이루어지지 않으면 예의와 음악이 내돋지 않고, 예의와 음악이 내돋지 않으면 형벌이 들어맞지 않고, 형벌이 들어맞지 않으면 백성들이 손발을 둘 데가 없다." —『논어』「자로(子路)」

한비는 "군주의 명령이 말 가운데서 가장 귀하다"고 말했다. 그것은 군주의 명령에 따라 국가의 운명과 백성들의 삶이 좌우되기 때문이다. 군주가 말을 어떻게 하고 신하의 말을 어떻게 들을 것인가에 대해 끊임없이 강조했던 이유도 여기에 있다. 그런 한비였으므로 공자가 정치를 할 때 가장 먼저 "이름을 바르게 할 것"이라고 한 데 대해서도 기꺼이 동의했으리라.

"군주가 써야 할 유일한 길은 명분을 으뜸으로 세우는 원칙이다. 명분이 바로 서면 사물이 안정되고, 명분이 치우치면 사물이 흐트러진다. 그러므로 성인은 그 하나의 원칙을 단단하게 쥐고 고요히 있으면서 신하들이 스스로 명분을 아뢰어서 일이 저절로 결정되고 처리되도록 한다." —「양각(揚搉)」

여기서 '명분을 으뜸으로 세우는 원칙'이 곧 공자가 말한 정명(正名)에 해당한다. 이렇게 명분이나 정명을 중시한 데에는 까닭이 있다. 생각에서 말이 나오고, 말에서 행동이 결정되기 때문이다. 그래서 그 말로써 생각의 깊고 얕음을 짐작할 수 있고, 그 말로써 어떻게 행동할지 어떻게 일이 진행되고 이루어질지 헤아릴 수 있다. 이를 우리는 현재의 정치에서 충분히 목도하고 있다.

어떤 질병보다 무서운 말소리들

군주가 명철하지 못하면 그저 논변을 일으키는 데서 그치지 않는다. 그 자신이 말의 중요성을 알지 못할뿐더러 말을 조리 있게 하거나 알맞게 하지 못한다. 물론 말을 잘한다고 반드시 명철한 것은 아니지만, 적어도 명철한 사람은 반드시 말을 조리 있게 한다. 그런데 지금 대통령의 말에는 조리가 없다. 이를 어찌할 것인가?

한비는 "군주는 반드시 그 말을 잘 가리고 그 실적을 따져봐야 한다"고 했는데, 군주 자신이 말을 제대로 하지 못한다면, 어떻게 다른 사람의 말을 가려낼 것이며 또 다른 사람이 한 말과 그의 행동이 일치하는지 어떻게 따질 것인가? 남의 말을 가리고 따질 깜냥조차 되지 못하는데, 정치는 또 어떻게 할 것인가?

"길을 잃은 자라도 길을 아는 자에게 가까이 듣고서 익히고 묻고서 알게 되면 헤매지 않는다. 이제 사람들이 공을 이루고자 하면서도 오히려 실패하는 까닭은 도리를 알지 못하면서도 물어서 알려고도 하지 않고 귀담아듣고서 해내려 하지 않기 때문이다." —「해로(解老)」

정치란 여러 사람들이 온갖 일들을 논의함으로써 이루어진다. 그래서 말이 소통되는 것과 일이 실행되는 것이 정치의 핵심이라 해도 과언은 아니다. 공자가 정명(正名)을 강조하고 한비가 말 가운데서도 군주의 명령이 가장 귀하다고 한 까닭이 여기에 있다. 하물며 대화와 토론으로 정치적 현안을 풀어가야 하는 민주정치에서는 두말할 나위가 없다. 그런데도 국정 운영의 책임자가 하는 말들이 국민들을 실소하게 하니, 참으로 딱하고 답답하다.

부디 대통령은 자신의 말을 되새기며 자신을 돌아보기를 간절히 바란다.(대통령뿐만이 아니다. 정치를 한다는 사람이라면 거의 모두 여기에 해당한다. 그러니 정치가들 모두 자신의 말이 어떠한지를 깊이 되돌아보기를 바란다.) 그렇지 않으면, 앞으로도 무슨 일이 일어날 때마다 국민들은 헌소리나 흰소리를 들을 것이고 뒷북치는 소리를 듣게 될 것이니 말이다. 정치에 관한 한 이런 소리들은 어떤 질병보다 무섭다.

14

인재가 없는 시대가 아니건만

2015년 6월 16일, 정부 서울청사에서 국무회의를 주재한 직후 최경환 국무총리 직무대행은 황교안 국무총리 후보자의 국회 임명동의가 지연되는 데 대해 "어느 나라 국회인지 알 수가 없고 무책임의 극치다, 국회가 뚜렷한 이유도 없이 정치적 공세로 국회가 만든 법에서 정한 기간도 지키지 않으며 인준을 지연시키고 있는 것은 정말 납득하기 어렵다"면서 국회의 행태가 "국민을 무시하는 처사"라고 불평을 토로했다고 한다.

국회를 비난한 이 말은 맞으면서 틀렸다. 국회가 정치놀음으로 지연하고 있는 것은 맞다. 그러나 자격에서 논란이 될 인물을 정부에서 인선했으니, 틀렸다. 전관예우, 병역 의혹, 탈세 등의 의혹이 있을 뿐 아니라, 청문회 자료 제출 지연과 변호사 시절의 사면 로비 의혹 등 최악의 공직 후보라고 손가락질을 받는 인물을 대체 무슨 생각으로 인선했는지.

이제 후보자가 국회의 동의를 얻어서 국무총리가 되었으나, 그렇다고 해서 대통령과 청와대에서 이 후보자를 밀어붙인 이유가 정당화되지는 않는다. 이 나라를 위해 참으로 유능한 인재를 구하려 했던 것인지는 여전히 의문으로 남아 있으므로.

인재를 알아보고 인재를 쓴 당 태종

중국 역사상 걸출한 제왕으로 손꼽히는 당(唐) 태종(太宗, 626~649 재위)은 뛰어난 인재가 제국의 창업과 수성을 위해 얼마나 중요한지를 잘 간파했던 인물이다. 열여덟 살 때부터 부친 이연(李淵, 618~626 재위)을 도와 수(隋) 양제(煬帝, 604~618 재위)의 실정으로 혼란해진 천하를 평정하기 위해 전쟁터를 누비며 틈만 나면 인재를 구해 맏형인 이건성(李建成, 589~626)보다 더 탄탄한 세력을 구축했다. 실제로 지략의 대가인 방현령(房玄齡), 결단력이 뛰어났던 두여회(杜如晦), 병법의 달인인 이정(李靖) 등을 비롯해 수많은 인재들이 북극성을 중심으로 도는 별처럼 그를 에워싸고 있었다.

그러나 기라성 같은 신하들이 있어도 그들의 의견이나 주장, 직언 등을 들으려는 마음이 없었다면, 그런 인재들도 한낱 화려한 장식에서 그치고 무용지물이 되었을 것이다. 당 태종의 빼어난 능력은 바로 거기에 있었다. 물론 신하들이 거리낌 없이 직언을 하도록 했지만, 그도 사람인지라 뜻에 거슬리는 말을 늘 담담하게 받아들이기 어려웠던 것도 사실이다.

632년 3월 어느 날이었다. 조회를 마친 태종이 황후의 처소로 들면서 씩씩거리며 욕을 해댔다.

"언젠가 저 시골 늙은이를 죽여버릴 테다!"

황후 장손씨가 듣고는 누구에게 화를 내는지 물었다. 태종이 말했다.

"위징이란 놈이 매번 조정에서 나를 욕보인단 말이오!"

그러자 장손씨는 큰절을 올리며 이렇게 말했다.

"첩은 군주가 밝으면 신하가 곧다고 들었습니다. 지금 위징이 곧은 것은 폐하께서 밝기 때문입니다. 그러니 첩이 어찌 하례를 드리지 않을 수 있겠습니까?"

이에 태종은 노여움을 풀고 즐거워했다고 한다.

위징(魏徵, 580~643)은 누구인가? 그는 처음에 태자 이건성을 섬겼던 인물이다. 이세민이 제위를 노리고 이건성을 견제하며 세력을 키우고 있을 때, 위징은 이건성에게 계책을 건의하여 대비하게 했다. 그러나 '현무문의 변'으로 이건성은 이세민에게 죽임을 당했고, 이건성을 따르던 인사들은 잇달아 달아났다. 위징은 달아나지 않았는데, 이세민이 그를 불러 꾸짖었다.

"너는 왜 우리 형제를 이간질했느냐?"

위징은 태연하게 이렇게 대답했다.

"태자가 신의 말을 들었다면, 틀림없이 지금의 재앙은 없었을 것입니다!"

이세민은 숙연한 자세로 경의를 표하고 그를 특별히 예우하면서 간의대부로 발탁했다. 이세민은 즉위하자 늘 위징을 내실로 불러서 치국의 득실에 대해 물었고, 불과 몇 년 사이에 위징은 200여 가지 일을 건의했다. 정관(貞觀) 12년(638년)에 태종은 연회에서 이렇게 말했다.

"정관 이후 마음을 다해 짐에게 간언하고 좋은 계책을 건의해 나라를 안정시키고 백성들에게 이익을 줌으로써 짐이 지금의 업적을 이루도록 하고 천하 사람들의 칭송을 듣도록 만든 사람은 오직 위징뿐이오. 옛 명신 가운데 그 누가 위징을 뛰어넘을 수 있겠소!"

당 태종은 이렇게 위징을 높이 일컬었다. 그런데 천하를 경륜할 재능과 강직한 성품을 지녔던 위징이지만, 자신을 알아주고 써준 태종이 없었다면 과연 큰일을 할 수 있었을까? 당 태종은 참으로 인재의 가치를 알고 인재를 알아볼 줄 알며 진정으로 아낄 줄 알았던 제왕이라 할 만하다.(간혹 남들과 후세의 시선을 의식해서 인재를 포용하고 기용했다며 폄하하는 견해도 있는데, 설령 그랬다고 하더라도 한결같이 그렇게 한다는 것은 결코 쉬운 일이 아니다.) 그러했기에 원수를 발탁하여 측근에 둘 수 있었던 것이 아니겠는가!

"옛날의 군주는 사람을 잘 얻어서 제 몸을 편안하게 하고 나라를 잘 보존하기도 했고, 또 사람을 잘못 얻어서 제 몸을 위태롭게 하고 나라를 멸망시키기도 했다. 사람을 얻는다는 말은 하나지만, 그 이익과 손해는 하늘과 땅만큼 차이가 난다. 그래서 군주는 좌우 측근을 둘 때 신중하지 않을 수가 없는 것이다. 군주가 신하의 말을 진실로 환하게 살필 수 있다면, 그 현명함과 모자람을 마치 검은색과 흰색을 가리듯이 분명하게 구별할 수 있을 것이다." —「설의(說疑)」

마지막까지 인재 문제로 고심한 세종

이렇게 인재를 잘 써서 '정관의 치'라는 태평성세를 일구었던 당 태종도 정관 후기에는 교만과 자만에 빠져서 신하들의 간언이나 의견을 받아들이지 않게 되었다. 심지어는 자신이 극찬했던 위징이 파당을 지으며 불충한다고 의심하기까지 했다. 태평한 시절이 이어지면서 안이해졌기 때문이리라. 사실 한두 가지 공업을 이루는 것도 어려운데, 재위 기간 내내 흔들림 없이 통치를 이어간다는 것은 지극히 어려운 일이다. 그런데 그런 지극히 어려운 일을 해낸 군주가 조선에 있었다. 조선조를 넘어 한국의 역사에서 가장 존경받는 인물로 꼽히는 세종(世宗, 1418~1450 재위)이 그런 군주다.

세종은 안정되고 태평한 시절에 즉위한 군주가 아니었다. 조선이 건국된 초기, 아직도 어수선한 시기에 형님이자 세자였던 양녕대군(讓寧大君)이 폐위되고 곧바로 세자가 되어서 태종으로부터 억지로 왕위를 넘겨받았다. 즉위 보름 만에 상왕인 태종이 공신과 외척의 발호를 막겠다고 '강상인(姜尙仁)의 옥사(獄事)'를 일으켜 세종의 장인인 심온(沈溫, 1375?~1418)을 죽음으로 내몰았고, 신하들도 거듭 "그 아비에게 죄가 있으니 그 딸을 왕비로 둘 수 없다"고 하면서 왕비 폐출을 주장하는 상황에 직면해야 했다. 게다가 남쪽에서는 왜구가 해안을 침략하고 북쪽에서는 여진(女眞)이 국경을 넘어와 백성들을 살해하고 있었으며, 전국은 가뭄과 홍수로 해마다 흉년을 겪으면서 창고는 거의 비어 백성들을 구휼할 수 없는, 한마디로 '총체적인 난국'이었다.

왕정 시대에 정국의 불안과 백성들의 고통은 곧 군주의 책임이었다. 그래서 "이 임금이 왕위에 올라서 흉년이 들어 매우 살기가 어려운데,

만약 내가 왕이 된다면 매년 풍년이 들 것이다"고 한 자가 있는가 하면, "양녕대군이 왕이 되었으면 백성들이 자애로운 은덕을 입었을 터인데, 지금 그렇지 못하고 있지 않느냐"라는 참담한 말까지 하는 자가 있을 정도였다. 이런 와중에서 창업을 이어 수성(守成)의 시대를 열어야 했으므로 얼마나 힘겨웠을지는 쉽사리 헤아리기 어려울 정도다.

그럼에도 세종은 수많은 위기를 극복하고 백성들의 삶을 윤택하게 하면서 조선 왕조의 기틀을 확고하게 다졌다. 그 자신이 군주로서 탁월한 능력과 식견, 포용력을 지녔기 때문이기도 하지만, 인재를 고루 등용하여 적절하게 활용한 일이 가장 큰 요인이었다고 할 수 있다. 인재의 발탁과 등용이 세종의 통치에서 근간이 되었음은 재위 말년까지 인재를 구하려고 애쓴 데서도 단적으로 드러난다. 이는 당 태종조차 미치지 못하는 점이었다.

세종 29년(1447)에 문과별시가 있었다. 책문(策問)에서 세종은 인재를 등용하고 인재를 양성하며 인재를 분별하는 방법에 대해 물었다. 재위한 지 30년이 지났음에도 세종은 여전히 나라와 백성을 위해 인재를 찾고 있었던 것이다. 이 책문의 서두에는 다음과 같은 세종의 말이 나온다.

"인재는 세상 모든 나라의 가장 중요한 보배다. 인재의 근원은 마음의 기질에서 나오고, 마음의 기질은 정치적 교화로 양성된다. 이처럼 마음의 기질과 정치적 교화는 상호 변화함으로써 현명한 사람과 어리석은 사람이 나뉜다. 임금으로서 누군들 들어서 쓰고 싶지 않겠는가마는, 인재를 쓸 수 없는 경우가 세 가지 있다. 첫째는 임금이 인재를 알아보지 못한 경우다. 둘째는 인재를 알아도 쓰려는 마음이 절실하지 못한 경우다. 셋째는 인재와 뜻이 서로 맞지 않는 경우다. 또 현명한 사람이 어진 임금을 만나지 못한 경우가 세 가지 있다. 첫째는 임금과 뜻이 통하지 않는 경우다. 둘째는 임금이 인재를 공경하지 않는 경우다. 셋째는 임금과 인재의 뜻이 맞지 않는 경우다."

이때 장원급제한 강희맹(姜希孟, 1424~1483)이 쓴 답안은 이렇게 시작된다.

"저는 이런 말을 들었습니다. '하늘이 세상에 인재를 내지 않았다고들 하지만, 한 시대가 부흥하는 것은 반드시 그 시대에 인물이 있기 때문이다. 하늘이 세상에 인재를 냈다고들 하지만, 한 시대가 쇠퇴하는 것은 반드시 세상을 구제할 만큼 유능한 보좌가 없기 때문이다.'
세상에 인재가 있었던 적이 없다고 하지만, 올바른 방법으로 구하면 항상 남아돌아 갑니다. 또한 세상에 인재가 없었던 적이 없다고 하지만, 인재를 구하는 올바른 방법을 잃어버리면 늘 부족합니다. 그러니 임금으로서 어찌 세상에 인재가 없을 것이라고 단정하고서, 딴 세상에서 구해서 쓸 수 있겠습니까?"

이 시대라고 인재가 없을까마는

어리석은 군주는 자신에게 알랑거리는 자를 총애하면서 그런 자를 현명한 자라고 여긴다. 그러다가 무슨 문제라도 생기면 그제야 신하들이 무능하다고 타박하며 인재가 없다고 푸념하고 불평한다. 정작 자신에게 인재를 보는 안목이 없고 인재를 얻으려는 참뜻은 더욱 없다는 사실은 까맣게 잊고서 말이다.

인재가 없었던 시대는 없었다. 인재는 어느 시대에나 있었다. 난세에도 있었다. 역사를 돌아보라. 멸망했던 왕조들에 충신이 없었고 인재가 없었던가? 새로 왕업을 일으키는 데 기여한 걸출한 인물들은 도대체 어디서 왔겠는가? 인재를 볼 줄 아는 군주가 없었고, 참으로 인재를 얻으려는 마음을 지닌 군주가 없었을 뿐이다. 다시 말하지만, 인재가 없었던 시대는 없었다. 하물며 이 시대라고 인재가 없을까? 그런데 왜 지금 대통령은 시비의 대상이 되어 논란을 일으킬 인물들을 줄곧 인선하고 있을까? 왜 그리도 국민을 우롱하듯이 뻗대고 있을까? 한비가 대답한다.

"초나라 굴도(屈到)는 마름 열매를 즐겨 먹고 문왕(文王)은 창포 절임을 즐겼는데, 둘 다 흔히 먹는 맛은 아님에도 두 현자는 오히려 이를 즐겼다. 사람들이 좋아하는 것이 반드시 맛있는 것은 아니다. 진(晉)나라 영후(靈侯)는 참무휼(參無恤)을 좋아하고 연나라 자쾌는 자지(子之)를 현명하다고 여겼는데, 둘 다 올바른 선비는 아니었으나 두 군주는 그들을 존중했다. 사람들이 현명하다고 여긴다고 반드시 현명한 것은 아니다. 현명하지 않은데도 현명하다고 여겨 등용하는 것은 총애하기 때문에 등용하는 것과 같다." —「난사(難四)」

15

제국은 책임 위에서 굳건해진다

"옛 사람들은 언제나 '제왕은 마땅히 일의 크고 중요한 부분에만 관심을 가지고 세세한 부분에 대해서는 관심을 둘 필요가 없다'고 말해왔다. 그러나 짐의 생각은 그렇지 않다. 한 가지 일에 부지런하지 않으면 온 천하에 근심을 끼치고, 한 순간을 부지런하지 않으면 천 대, 백 대에 우환거리를 남긴다. 작은 일에 관심을 두지 않으면 마침내는 큰 덕에 누를 끼치게 되므로 짐은 매사를 꼼꼼하게 살펴왔다. 만일 오늘 한두 가지 일을 처리하지 않고 내버려두면 내일은 처리해야 할 일이 한두 가지 더 많아진다. 내일도 다시금 편안하고 한가롭기만을 힘쓴다면 훗날에는 처리해야 할 일이 더욱 많이 쌓이게 된다. 황제가 처리해야 할 일은 지극히 중요해서 미루어서는 안 된다. 그러므로 짐은 크든 작든 모든 일에 관심을 쏟고 있다." — 강희제(康熙帝)의 「상유(上諭)」

무거우나 벗어날 수 없는 제왕의 책임

대개의 사람들은 현재의 중국이 수천 년 동안 지금처럼 광활한 영토를 차지하고 있었으리라 여긴다. 이는 끊임없이 유동하고 변동하는 역사 속에서 왕조나 국가도 끊임없이 재편성된다는 사실을 망각한 데서 오는 착각이다. 중국의 영토는 수많은 왕조들을 거치면서 전반적으로는 넓어져왔지만, 그 가운데서도 넓어졌다 좁아졌다를 반복해왔다. 그러다가 만주족이 세운 청(淸, 1616~1912) 왕조가 마지막 왕조가 되면서 현재의 중국이 가능했던 것이다.

청 왕조는 앞선 명(明, 1368~1644) 왕조보다 영토는 두 배 이상 커졌고, 인구도 세 배 이상 늘어나 왕조 말기에는 거의 5억이 넘었다. 이렇게 전례 없는 광활한 영토를 지키고 엄청난 인구를 부양하면서 거의 300년을 지속하기 위해서는 마땅히 효율적인 행정 체제를 갖추어야 한다. 이 일을 왕조 초기에 강희제(康熙帝, 1661~1722 재위)라는 걸출한 제왕이 맡아서 했다.

불과 여덟 살의 나이에 제위에 오른 강희제는 열네 살에 비로소 직접 정치를 맡으면서 차츰차츰 통치의 기반을 다졌다. 당시 군권을 장악하여 무소불위의 권력을 휘두르며 안하무인으로 행동하던 오배(鰲拜)가 1669년에 사병을 이끌고 자금성을 침입하자 이를 제압하여 뭇 신하들 위에 군림할 수 있는 기반을 마련했고, 또 만주족이 중국 본토를 장악할 때 자신들의 군단을 이끌고 공을 세운 오삼계(吳三桂) · 상가희(尙可喜)·경중명(耿仲明) 등이 1673년부터 일으킨 '삼번(三藩)의 난'도 평정하여 실권을 장악했을 뿐만 아니라 청 왕조의 중국 지배권이 확립되도록 했다.

또 강희제는 대만을 복속시키고 티베트를 정복하여 영토를 확장했으며, 황하와 장강의 치수에 성공해 농사에 차질이 없도록 했다. 『강희자전(康熙字典)』과 『고금도서집성(古今圖書集成)』 등 대규모 편찬사업을 벌여 문화 방면에서도 커다란 진전을 이루었다. 중국 역사상 가장 긴 재위 기간 동안 내정과 외교, 경제와 문화 각 방면에서 탁월한 업적을 세우며 태평성세를 이룩한 덕분에 그를 "천년에 한 번 나올 제왕"이라는 뜻의 '천고일제(千古一帝)'라고도 일컫는다. 이쯤 되면, 제왕으로서 재능과 역량을 타고난 천재로 여길 법하다. 그러나 강희제는 결코 천재가 아니고 그저 자신의 책무를 잘 알고 근면하게 일한 제왕이었을 뿐이다.

강희제는 1717년 12월 23일 건청궁(乾淸宮)의 동난각(東暖閣)에 여러 황자(皇子)들, 만주족과 한족의 대학사, 학사, 구경(九卿) 등을 불러 모아 「상유(上諭)」를 반포했는데, 거기에서 이렇게 말했다.

"옛날의 제왕 가운데 혹 수명이 길지 못하였던 자들에 대해 사론(史論)에서 대개 너무나 방탕하고 주색에 빠졌기 때문이라고 평하였다. 그러나 이는 모두 서생(書生)들이 참으로 순진하고 훌륭한 군주에 대해서라도 흠을 들추어내려고 비평하기를 즐겨한 데서 비롯된 것이다. 짐이 옛날의 제왕들을 위하여 변명하자면, 천하를 다스리는 일이 너무 번거로우므로 힘들고 고달픈 바를 감당하지 못해서 일찍 죽은 것이다. 제갈량(諸葛亮)은 '죽을 때까지 온갖 정성을 다 바쳐 나랏일을 돌본다'고 하였는데, 남의 신하된 자로서 이렇게 행한 자는 오직 제갈량 한 사람뿐이었다. 그러나 제왕들의 책임은 너무 무겁고 벗어날 수도 없다. 이를 어찌 신하들과 비교할 수 있을 것인가? 신하들은 벼슬살이를 할 만하면 벼슬을 살고 그만둘 만하면 그만둔다. 늙으면 사직하고 고향으로 돌아가서 자손들을 돌보면서 유유자적하게 보낼 수 있다. 그러나 군주들은 평생토록 부지런히 수고하고 쉴 수가 없다."

그런데 중국의 수많은 역대 제왕들 가운데 이렇게 제왕의 책무가 막중함을 잘 알고 재위 기간 내내 한결같이 통치한 자가 몇이나 될까? 대부분의 제왕들은 자신의 책무를 망각한 채 권세를 누리기만 하다가 위기가 도래하면 도리어 모든 책임을 신하들에게 떠넘기고, 뜻대로 되지 않으면 백성들이 어리석다고 꾸짖는다.

"군주 자신은 스스로 요 임금처럼 되려고 뼈를 깎는 노력을 하지 않으면서 신하들에게 오자서(伍子胥)가 되라고 꾸짖는다면, 이는 상(商)나라 사람들이 모두 비간(比干)과 같은 충신이 되기를 바라는 것과 같다. 모든 백성이 비간과 같다면, 윗사람은 나라를 잃지 않고 아랫사람들은 목숨을 잃지 않을 것이다. 권력을 미리 잡도리하지 않아 전상(田常) 같은 자가 나타나 제나라를 빼앗았음에도 모두 비간 같은 충신이 되기를 바라고 있으니, 그 나라는 잠시도 안정될 수가 없다." —「안위(安危)」

권력이 무책임한 자에게 주어지면

1231년 8월, 몽골 군사들이 대거 침입해 예성강에 이르자 개성은 온통 공포에 휩싸였다. 당시 최고 권력자인 최이(崔怡, ?~1249)는 자신이 거느리던 가병(家兵)들을 이끌고 맞섰으나 힘에 부쳤다. 결국 그는 몽골의 침입에 맞서려면 강화도로 천도해야 한다고 여겨 대신들을 자기 집에 모아서 이 일을 토의했다. 그리고 결심을 하지 못하고 있던 고종(高宗, 1213~1259 재위)을 압박하여 천도를 결정하고, 강화도에 대궐을 새로 짓고 천도했다. 과연 몽골에 대항하기 위해서 천도하려 했을까?

강화도에서 최이는 자택을 신축하면서 군사들을 부려 개성의 재목을 수송했고 또 소나무와 잣나무를 잔뜩 가져와서 자신의 후원에 옮겨 심었다. 이렇게 전쟁에서 부려야 할 군사들을 사사로운 일에 썼을 뿐만 아니라 수많은 병사들을 전선으로 내보내지 않고 자신의 집을 경비하는 데에 썼다. 그는 강화도에 들어앉아 몽골에 대해 결사항전을 선포했으나, 실제로는 자신의 안위를 도모한 것이나 다름이 없었다. 몽골의 침입으로 온 나라가 피폐해지고 백성들이 죽음으로 내몰리는 상황에서 최이는 권세를 맘껏 누리다가 죽었다.

최이에게는 정실 소생이 없었고, 기생에게서 난 만종(萬宗)과 만전(萬全) 형제가 있었다. 처음에 최이는 이들을 조계산 송광사(松廣寺)로 보내 삭발시키고, 만종은 단속사(斷俗寺)에서, 만전은 쌍봉사(雙峰寺)에서 주지로 있게 했다. 그러나 둘 다 무뢰한 중들을 모아서는 재산을 축적하며 백성들에게 온갖 횡포를 저질렀다. 이윽고 최이는 만전을 불러들여서는 이름을 항(沆)으로 고치고 정치 수업을 받게 했다. 자신의 후계자로 삼으려 한 것이다.

최이가 죽자 최항은 아비의 장례를 치른 지 이틀 만에 상복을 벗고 아비의 첩들을 간음했다. 본래 무뢰하기 짝이 없었던 자였는데, 이제 그에게는 최고의 권력이 주어졌다. 이른바 사나운 이리나 범 같은 자에게 날개를 달아준 꼴이었으니, 당연히 하지 못할 짓이 없었다. 실제로 아비보다 더한 공포 정치를 펴다가 8년 만에 죽었다.

최항도 본처에게서 아들을 얻지 못했고, 중노릇을 할 때 간통한 여종이 낳은 최의(崔竩)라는 아들이 있었다. 최항이 죽자, 왕은 즉시 최의에게 차장군(借將軍) 벼슬을 내리고 교정별감(教定別監, 관리의 임면 및 감찰 업무를 맡아보던 최고 권력 기관인 교정도감의 으뜸 벼슬)으로 임명했다. 이에 조정의 백관이 모두 그의 집으로 가서 축하해주었다. 기가 막힐 노릇이다. 군주가 앞장서서 제 권세를 넘겨준 꼴이고, 백관들이 뒤에서 받쳐준 셈이니 말이다. 이렇게 권력은 무뢰한 아비에게서 무도한 자식에게 넘어갔다.

본래 말수가 적고 내성적인 성품이었던 최의였으나, 권력을 물려받자 교활한 무리들과 어울리며 온갖 횡포를 저질렀다. 결국 인심을 잃은 그는 야별초군의 칼날에 목이 날아갔다. 그의 죽음과 함께 최씨 정권도 4대 62년 만에 막을 내렸다. 그리고 고려는 몽골에 항복했다.

"무릇 위세는 다스리는 데에 편리하기는 하지만 어지럽히는 데에도 유리하다. 그래서 『주서(周書)』에서도 '범에게 날개를 달아줘서는 안 된다. 날개를 달아주면 마을로 날아들어 가서 사람을 골라 잡아먹는다'고 했다. 못난 자가 위세를 타게 하는 것은 범에게 날개를 달아주는 것과 같다.

폭군인 걸과 주는 높은 돈대와 깊은 연못을 만들면서 백성들의 힘을 소진하고 포락(炮烙)의 형벌을 만들어 백성들의 생명을 손상시켰다. 이들이 멋대로 횡포를 부릴 수 있었던 것은 그들이 남면한 군주의 위세를 날개로 달았기 때문이다. 걸과 주가 한낱 필부에 지나지 않았다면 포악한 짓을 단 하나도 저지르지 못했을 뿐 아니라 도리어 죽임을 당했을 것이다. 이렇게 위세는 범이나 이리와 같은 사나운 마음을 길러서 난폭한 짓을 저지르게 하는 것이다. 이것이 천하의 큰 우환이다." —「난세(難勢)」

위기에는 침묵과 칩거가 능사인 자

무릇 권세나 권력은 본디부터 임금의 것이었다. 이를 빼앗기고도 부끄러워할 줄 모르고, 도리어 권세 있는 신하의 눈치를 보는 처지가 되고서도 자리를 보전하기에 급급하다면, 비록 왕위에 있다고 하더라도 군주라 불릴 자격이 없다. 임금이 한낱 신하에게 권세를 빼앗기고 신하가 권력을 함부로 휘두르는 것을 내버려두는 것은 책무를 다할 생각이 없어서다. 강희제는 권력을 전횡하던 오배를 두고 보다가 그가 난을 일으키자 일거에 제압함으로써 황권을 확립하였는데, 이는 단순히 권력을 되찾기 위함이 아니라 천하를 태평하게 통치하려는 책무를 강하게 느끼고 있었기 때문이다. 반면에 몽골의 침입 앞에서 보여준 고려의 국왕은 참으로 무기력하고 초라하기 그지없었다.

"군주가 몸이 위태로워지고 나라가 망하는 꼴을 당하는 까닭은 대신이 너무 존귀해지고 좌우 측근들이 위세를 떨치기 때문이다. 여기서 존귀함이란 법령을 무시하고 제멋대로 행동하며 나라의 대권을 쥐고서 사사로이 이익을 챙기는 것을 이른다. 또 위세란 제멋대로 권세를 휘두르며 중요한 사안을 함부로 처리하는 것을 이른다. 군주라면 이 두 가지를 살피지 않으면 안 된다." —「인주(人主)」

몽골의 침입이라는 미증유의 위기 앞에서 권세를 쥐고 있던 이는 국왕이 아닌 최이였다. 최이는 강화도 천도를 선택했고, 이는 결국 정권 유지를 위한 칩거나 다름이 없었다. 대외적으로는 결사 항쟁을 외쳤지만, 그에게 나라와 백성은 안중에도 없었다. 오로지 자신과 자기 집안의 안위를 도모하는 것이 최우선의 과제였다. 이런 상황에서 임금과 문신들은 목숨이 아까워 침묵할 뿐이었다. 이렇게 자신의 안위만 돌보는데 힘쓴 권력자들의 침묵과 칩거로 말미암아 백성들은 몽골 군사들에게 유린되고 온 나라는 초토화되었다.

몽골의 침입 때 권력자들이 보여준 행태는 지금도 이어지고 있다. 국민들의 생명이 걸린 일이나 국가적인 위기 상황에서 적극 나서서 일해야 할 대통령과 장관들, 정치가들이 얼마나 쉽사리 입을 닫고 자취를 감추던가. 마치 저 옛날의 정현(鄭縣) 사람처럼 말이다.

"정현 사람 가운데 굴공(屈公)이란 자가 있었다. 그는 적이 몰려온다는 말을 들으면 너무 두려워서 기절했다가 적이 물러갔다고 하면 두려움에서 벗어나 곧 깨어났다." —「외저설 좌상」

16

사람을 모르는데 제국을 이루랴

“벼슬하지 않은 선비가 사사로운 이익을 좇는데도 세상에서는 그를 기리고 군주는 그런 헛된 명성을 듣고는 그를 예우하는데, 예우가 있는 곳에는 반드시 이익도 뒤따른다. 백성들은 개인적으로 손해를 보면서 애쓰는데도 세상에서는 그들을 헐뜯고 군주는 속된 판단에 가로막혀 그들을 천시하는데, 천시하는 곳에는 반드시 손해가 뒤따른다. 그리하여 사사로이 잘못을 저질러 벌을 받아야 하는 백성에게 명예와 포상이 주어지고, 공적으로 좋은 일을 하여 상을 받아야 하는 선비에게 비방과 손해가 주어지니, 이래서는 나라가 부강해지기를 바라더라도 그렇게 될 수 없다.” —「육반(六反)」

올바른 신하와 간사한 신하의 유형

애공(哀公)이 정치에 대해 묻자, 공자가 대답했다.

"문왕과 무왕의 정치에 대해서는 목판과 대쪽에 잘 씌어져 있습니다. 그 사람이 있으면 그 정치가 행해지고, 그 사람이 없으면 그 정치는 그칩니다."

『중용(中庸)』에 나오는 한 대목이다. 공자는 주(周) 왕조를 세운 문왕(文王)과 무왕(武王)이 상(商) 왕조를 무너뜨리고 새로운 정치를 편 데에는 그들이 그런 일을 할 만한 사람이었기 때문이라고 보았다. 그래서 유교에서는 사람을 얻는 일이 정치에서 가장 긴요하다고 강조한다.

고려의 성종(成宗, 981~997 재위)은 유교 이념에 따라 제도를 정비하고 의식을 행하면서 정치 · 사회 · 문화 전반에서 개혁을 실행하며 왕도정치를 펴려던 군주였다. 그런 성종에게 당시 유학자이던 김심언(金審言, ?~1018)이 글을 올려 신하의 품행에는 육정(六正)과 육사(六邪)가 있음을 하나하나 밝히고는 이를 관청의 벽에 써 붙여서 경계로 삼게 해야 한다고 간언했다. 김심언이 말한 육정과 육사는 본래 중국 전한(前漢, 기원전 202~기원후 8) 때의 학자인 유향(劉向, 기원전 77~기원전 6)이 저술한 『설원(說苑)』에 나오는 내용으로, 먼저 육정을 간략하게 서술하면 이렇다.

"첫째는 조짐이 나타나기 전에 존망과 득실의 요체를 미리 아는 성신(聖臣)이고, 둘째는 마음을 비우고 뜻을 깨끗이 하며 도에 통하여 임금을 깨우쳐 주는 양신(良臣)이며, 셋째는 몸을 낮추고 겸손하며 부지런히 일하여 사직과 종묘를 편안하게 해주는 충신(忠臣)이고, 넷째는 일의 성패를 미리 간파하여 화근을 뿌리 뽑아 임금에게 근심이 없도록 하는 지신(智臣)이며, 다섯째는 선대의 법을 잘 계승하고 맡은 일에 충실한 정신(貞臣)이고, 여섯째는 국가가 혼란하고 임금의 정치가 도의에 어긋날 때 직언을 하는 직신(直臣)이다."

육정은 여섯 가지 바른 마음과 몸가짐을 가리키며, 이를 체득한 신하를 유형별로 나눈 것이 위의 글이다. 사실 이런 신하들은 세상에 드물고 얻기 어렵다. 세상에는 여섯 가지 그릇된 마음과 몸가짐, 즉 육사가 몸에 밴 자들이 더 많으므로 경계하기 위해서 좀 자세하게 옮긴다.

"첫째, 관직에 안일하고 녹봉을 탐내며 공무에 힘쓰지 않고 세상 조류에 따라 이리저리 눈치나 보는 사람은 구신(具臣)이다. 둘째, 임금이 말한 것은 모두 좋은 말이라 하고 임금이 하는 일은 모두 잘한 일이라 하며 얼굴을 꾸미고 아첨을 일삼아 임금과 좋게 지내는 사람은 유신(諛臣)이다. 셋째, 말을 교묘하게 꾸미고 얼굴을 보기 좋게 꾸미며 선인을 투기하고 현인을 질투하며 등용하고 싶은 사람에 대해서는 착한 점만 밝히고 나쁜 점을 숨기며 쫓아내고 싶은 사람에 대해서는 잘못된 점만 밝히고 좋은 점은 숨기어 임금으로 하여금 상벌을 부당하게 하고 호령이 행해지지 못하게 하는 사람은 간신(奸臣)이다. 넷째, 지혜는 잘못을 바른 것으로 꾸며댈 만하고 언변은 꺼낸 말을 시행시킬 만하며 안으로 골육붙이를 이간하고 밖으로 조정에 난을 꾸미는 사람은 참신(讒臣)이다. 다섯째, 권세를 독차지하여 경중을 농간하고 패거리를 조성하여 재물을 노리며 왕명을 마음대로 하여 자신의 영화를 도모하는 사람은 적신

(賊臣)이다. 여섯째, 임금에게 간사한 태도로 아첨하고 임금을 불의에 빠뜨리며 붕당을 이루어서 임금의 총명을 가리어 흑백과 시비를 구별 못하게 하며 임금의 악을 국내에 퍼뜨리고 이웃 나라에 들리게 하는 사람은 망국지신(亡國之臣)이다." ―『설원』「신술(臣術)」

그러나 사람을 알아보기는 어려우니

그러나 육정과 육사를 가리는 일은 결코 쉽지 않다. 사람을 잘못 판단하고 평가하면 한 개인이나 가문, 한 나라에 이르기까지 위기를 자초하거나 몰락을 재촉하게 된다는 사실은 역사를 통해서도 입증된 사실이고 또 대부분의 사람들이 알고 있는 진실이지만, 실제로 사람을 알아보는 일은 어렵기만 하다.

환관들의 전횡과 외척들의 발호로 혼란에 혼란을 거듭하던 후한(後漢, 25~220)은 이윽고 184년에 머리에 누런 두건을 쓴 농민들의 반란을 맞아 후대에 '삼국시대'라 부르는 난세로 접어든다. 이른바 '황건적(黃巾賊)의 난'이 누적된 후한 왕조의 모순을 모조리 드러내자, 각지에서 권세를 쥐어 패거리를 이루고서 호시탐탐 때를 노리고 있던 자들이 덩달아 군사를 일으킨 것이다. 이 난세에 미약한 처지에서 몸을 일으켜 차츰차츰 세력을 확보한 인물이 조조(曹操, 155~220)다.

조조는 스무 살에 효렴(孝廉, 부모에게 효도하는 몸가짐과 청렴한 자세를 갖춘 자를 뜻한다)으로 추천되어 낮은 벼슬에서 관직을 시작했으며 황건적의 난이 일어나면서 비로소 출세의 기회를 얻었을 뿐이므로, 당시 막강한 군사를 거느리고 세력을 떨치던 동탁(董卓)이나 원소(袁紹)에 견주면 '달빛 아래 반딧불'에 불과했다. 그럼에도 그가 삼국시대의 주인공이 된 데에는 대세를 읽는 능력과 함께 인재를 알아보고 거두어서 쓴 식견과 안목이 크게 작용했다.

난세에는 백성들이 어디로 가서 누구를 섬겨야 할지 우왕좌왕하는 때인데, 학식과 재능을 가진 선비들이라 해서 다를 것이 없다. 난세를 평정하려는 호걸이나 영웅은 그런 선비들이나 백성들 가운데 뒤섞여 있는 인재를 알아보고 뽑아 써야만 세력을 확보할 수 있다. 이를 잘 파악했던 조조는 일찌감치 인재를 구하려 애썼다. 그런 조조가 발탁한 인물 가운데는 법률 체계와 인사행정 분야에서 탁월한 재능을 발휘했던 유소(劉卲)가 있다.

진수(陳壽, 233~297)가 편찬한 『삼국지』의 「위서(魏書)」에 전기가 실려 있는 유소는 조조의 손자인 조예(曹叡, 205~239)가 즉위하자 유억(庾嶷), 순선(荀詵) 등과 함께 법령을 제정하여 「신율(新律)」 열여덟 편을 짓고 「율략론(律略論)」 등을 썼다. 또 조서를 받아 「도관고과(都官考課)」를 지었는데, 이는 관리들의 근무 성적을 평가하기 위해 마련한 것이다. 유소는 「도관고과」를 짓고 난 뒤에 이런 글을 올렸다.

"백관들에 대한 근무 평가는 국가 정치의 중요한 기틀이지만 역대로 실행하려고 하지 않았으며, 이 때문에 정치의 법전은 완전하지 못한데도 보충되지 않았고, 유능한 자와 무능한 자가 뒤섞여 구분할 수 없게 되었습니다. 폐하는 성인의 위대한 지략으로 국가 기강의 느슨함을 가슴 아파하고 내심 걱정하다가 밖으로 조서를 발표하셨습니다. 신은 폐하의 넓은 은혜를 입어 우매함을 깨우치고, 「도관고과」 일흔두 조를 지었으며, 또 「설략(說略)」 한 편을 지었습니다. 신은 배운 것이 적고 식견이

얕으므로, 실제로 폐하의 뜻을 널리 선양하고 법전을 지어 제도를 정하는 일에는 충분하지 않습니다."

유소는 막 창업한 국가의 기강을 바로잡기 위해서는 법령과 제도를 정비하는 일과 아울러 유능한 관리들을 선별하는 일이 긴요하다는 사실을 꿰뚫어보고 있었다. 그리하여 관리들을 평가하는 기준을 정할 필요를 느꼈던 것이다. 이런 유소가 평생 저술한 것이 『법론(法論)』과 『인물지(人物志)』였다고 한다. 『인물지』는 유소의 대표적인 저술인데, 사람을 알아보는 일과 그 사람을 알맞게 쓰는 일, 즉 지인(知人)과 용인(用人)에 관해서 체계적으로 서술한 최초의 책이다. 이 책의 서문은 이렇게 시작된다.

"무릇 성현들이 아름답게 여기는 것 가운데 총명함보다 아름다운 것이 없고, 총명함이 귀하게 여기는 것으로는 사람을 알아보는 것보다 귀한 것이 없다. 진실로 사람을 알아보는 지혜가 있다면, 수많은 인재들이 그 능력에 맞는 자리를 얻게 되어 창조적인 일을 일으켜 숱한 업적을 이룰 것이다."

그러나 사람을 알아보는 일은 어렵고도 어려운 일이라면서 유소는 이렇게도 말했다.

"어째서 사람을 알아보기가 어렵고도 어렵다고 말하는가? 사람이란 정밀하고도 미묘한 존재라서 신통한 능력을 지닌 자라야 환히 알아볼 수 있고, 그 방법도 매우 어렵기 때문에 알아보기가 어렵고도 어렵다. 그래서 대개의 사람들은 사람을 알아보는 방법을 다 갖출 수 없기 때문에 각자 나름대로 기준을 세워서 관찰하고 구분하려 한다."

제국의 길은 사람에서 시작된다

대체로 사람들은 누군가를 판단하고 평가할 때, 그 사람의 실제 행동과 이룬 일은 제쳐둔 채 그가 겉으로 꾸며서 한 일이나 행동을 진실로 여기는 경우가 많다. 심지어는 그가 한 말만 듣고 판단하고 평가하기도 한다. 식견이 부족하고 안목이 얕은 까닭이다. 그러니 명성이나 소문과 다른 점을 직접 보고 겪으면서도 이미 관념으로 자리 잡고 있는 것을 중시하여 눈앞의 실상을 간과하는 일이 예사다.

특히 사람을 골라 써야 하는 자리에 있는 사람은 세상에 널리 퍼진 잘못된 칭송이나 그릇된 비방을 잘 가려서 들을 줄 알아야 한다. 가려서 들을 줄 모르면 사람을 잘못 써서 일을 그르치기 때문이다. 한비가 「육반(六反)」에서 칭송해야 함에도 헐뜯고 헐뜯어야 함에도 칭송하는, 잘못 판단하고 그릇 평가하는 일들에 대해 쓴 까닭도 여기에 있다.

"법술을 터득하지 못한 자는 제 말이 쓰이지 않는데도 우쭐거리고, 못난 자는 임용되지 못했는데도 뽐낸다. 말이 쓰이지 않는데도 스스로 변설이 뛰어나다고 여기고, 임용되지 않으면 스스로 고결하다고 꾸민다. 요즘 세상의 군주는 그 변설에 현혹되고 그 고결함에 빠져서는 그를 존중하며 귀하게 대접한다. 이는 보는 걸 기다리지도 않고 눈이 밝다고 판단하고, 대답을 기다리지도 않고 변설을 잘한다고 판단하는 것과 같으니, 이래서는 벙어리와 장님을 구분할 수 없다. 현명한 군주는 그 말을 들으면 반드시 쓰임새를 따지고, 그 행동을 보면 반드시 공적을 요구한다. 그러면 헛되고 낡은 학설을 늘어놓지 않으며, 뽐내거나 거짓된 행동을 함부로 하지 못한다." —「육반」

공자가 말했듯이 정치는 사람에게 달렸다. 이제 그 정치는 국민이 누구를 알아보고 뽑느냐와 국민의 마음을 얻어 정치에 나선 자가 어떤 사람이 유능한지를 알아보고 추천하느냐에 따라 좌우된다. 왕정에서 민주정치로 바뀌었으나, 여전히 관건은 사람이다. 그럼에도 지금 이 나라에서는 사람을 알아보고 사람을 쓰는 일을 대체로 쉽게 생각한다. 국회에서 인사 청문회를 해도 매양 비슷한 사람이 나서는 것도 그 때문이다. 이로 말미암아 대한민국이 천리마처럼 내달리다가 제국의 길을 앞두고 제자리에서 맴돌고 있는 것이다.

17

제국이여, 풍자가 아니면 몰락이다

"현실의 모순이 있는 한 풍자는 강한 생활력을 가지고, 모순이 화농하고 있는 한 풍자의 거친 폭력은 갈수록 날카로워진다. 얻어맞고도 쓰러지지 않는 자, 사지가 찢어져도 영혼으로 승리하려는 자, 생생하게 불꽃처럼 타오르려는 자, 자살을 역설적인 승리가 아니라 완전한 패배의 자인으로 생각하여 거부하지만 삶의 고통을 견딜 수가 없는 자, 역학(力學)을 믿으려는 자, 가슴에 한(恨)이 깊은 자는 선택하라. 남은 때가 많지 않다. 선택하라, 풍자냐 자살이냐."

김지하 시인의 산문인 「풍자가 아니면 자살이다」에 나오는 한 대목이다. 말미의 "풍자냐 자살이냐"는 김수영 시인의 시 「누이야 장하고

나」(1961년)에 나오는 첫 구절 "누이야/풍자(諷刺)가 아니면 해탈(解脫)이다/너는 이 말의 뜻을 아느냐"에서 따온 것이다. 이 글에는 박정희 정권의 폭압과 시대의 모순, 부조리, 부정에 대한 저항의 결기가 서려 있다. 그런데 풍자가 아니면 자살이라고 외친 그 시인이 희한하게도 이제는 그 독재자의 딸을 옹호하느라 여념이 없다. 역사의 아이러니라면 아이러니인데, 한편으로는 그 시인이 참 안쓰럽다! 어쩌면 그 때문에 위의 글이 '풍자'의 본질과 의미를 더욱 잘 보여주는지도 모른다.

풍자는 잘못을 바로잡으라는 우스개

2014년에는 세월호 참사가 온 나라를 침통하게 하더니, 2015년에는 메르스(중동호흡기증후군)로 온 국민이 두려움에 떨었다. 1년을 사이에 두고 어쩌면 그렇게도 정부와 관련부서가 하는 짓이 똑같을까? 애초에 잘 대응했다면 결코 참사가 되지 않을 일을 애써 참사로 만든 것부터 시작해서, 속수무책에 우왕좌왕, 횡설수설이라니! 이 세 가지 성어(成語)가 한꺼번에 절묘하게 어우러질 수 있는 상황은 일부러 연출하기도 쉽지 않건만, 박근혜 정부는 이런 상황을 자연스럽게 곧잘 연출해낸다.

메르스 사태 초반에 총체적인 무능을 드러내고 또 뒷북이나 치던 정부는 7월 28일에 "메르스 사태가 사실상 끝났다"고 선언했다. 그리고 아무도 없었다. 사과하거나 책임을 지는 자가 아무도 없었다. 대통령이 아무런 말도 하지 않은 건 당연한 일이다. 세월호 참사에서도 부실하고 미흡한 대응에 대해, 수백 명의 싸늘한 주검들에 대해 무슨 들을 만한 말을 했던가? 대통령과 정부는 그때처럼 메르스 사태 때도 고작 힘써 한 일이라는 게 국민들의 눈과 귀를 가릴 만한 구실을 찾는 일이었다. 자신들에게 쏟아질 비난의 화살을 딴 데로 돌리는 일에만 급급했다. 그리고 온 국민에게 씁쓸한 웃음을 선사했을 뿐이다.

7월 1일, 방송통신심의위원회(이하 '방심위')는 MBC 〈무한도전〉(6월 13일)에서 개그맨 유재석씨가 "메르스 예방법으로는 낙타, 염소, 박쥐와 같은 동물 접촉을 피하고 낙타 고기나 생 낙타유를 먹지 않도록 해야 합니다"라고 표현한 부분을 문제삼아 '의견제시' 징계를 내렸고, 또 KBS 〈개그콘서트〉의 '민상토론'(6월 14일)에서 진행자 박영진 · 유민상씨가 "정부가 뒷북을 쳤다", "정부 대처가 빨랐으면 일이 이렇게 커지지 않았을 것이다", "보건복지부 장관이 한심하다", "낙타 고기는 도대체 어디서 먹으라는 것이냐"고 메르스 사태에 대한 정부의 무능한 대처를 풍자한 것에 대해서도 '의견제시' 징계를 내렸다. 희한하게도 정부에 대한 비판을 방송법으로 걸고넘어진 셈인데, 이에 대해 각계각층에서 야유와 비판이 잇달았음은 말할 필요가 없으리라. 어쨌든 방심위에서 제재를 가한 것으로 보아 그것이 '풍자'였다는 것쯤은 알고 있었음이 분명하다. 그러나 풍자의 의도와 효과에 대해서는 잘 몰랐던 모양이니, 좀 자세하게 말해볼까 한다.

'풍자(諷刺)'란 무엇인가? 풍자는 문학의 한 갈래로서, 사회적 현상이나 인물의 결함, 죄악 등을 과장하거나 왜곡하거나 비꼬아서 표현하여 웃음을 유발하는 표현 방법이다. 냉소나 조롱, 익살, 야유, 희화화 등으로 대상에 대해 가장 적극적이고 공격적인 태도를 취하는 것이 특징이다. 한자를 보더라도 '풍(諷)'은 다른 사물에 기대어 말한다는 뜻이고, '자(刺)'는 찌르다, 꾸짖다, 헐뜯다는 뜻이다. 따라서 다른 것에 기대어 칼로 찌르듯이 꾸짖거나 헐뜯는 것인데, 목적은 풍자의 대상이 칼에

찔린 듯이 느끼도록 하는 것이기도 하지만 궁극적으로는 대상이 인식을 전환하여 잘못을 바로잡게 하는 데에 있다.

> 진(秦) 제국의 시황제(始皇帝) 때 일이다. 시황제는 원유(苑囿)를 크게 넓혀 동쪽으로는 함곡관에 이르게 하고 서쪽으로는 옹(雍)과 진창(陳倉)에 이르게 하려고 했다. 이에 우전(優旃)이 말했다.
>
> "좋은 일입니다! 그 속에 새와 짐승을 많이 풀어놓아 길러서 적이 동쪽에서 쳐들어오면 고라니나 사슴을 시켜 그들을 막게 하면 충분할 것입니다."
>
> 시황제는 이 말 때문에 계획을 그만두고 말았다.

『사기』「골계열전」에 나오는 이야기다. 골계(滑稽)란 재치 있고 뛰어난 말솜씨로 웃음을 자아내면서 교훈을 주는 것으로, 풍자와 반어, 해학 등이 이에 해당한다.「골계열전」에는 왜소하고 외모도 보잘것없으며 지위도 낮지만 기지와 해학이 넘치고 반어법과 풍자에 뛰어난 인물들의 일화들이 실려 있다. 위에 나오는 우전은 진(秦)나라의 난쟁이 가수로 우스갯소리를 잘한 인물인데, 요즘으로 치면 가수이면서 희극배우인 셈이다. 그런 그의 풍자에 무소불위의 권력을 쥔 시황제조차 하려던 일을 그만두었으니, 풍자의 효과는 실로 큰 셈이다.

물론 진 제국의 시황제가 우전의 우스갯소리를 듣고서 하려던 일을 그만둔 것은 일종의 정치적 쇼였다고 해석할 수도 있다. 말하자면, 황제인 자신이 아랫사람들의 비판이나 간언, 때로 자신들을 풍자한 이야기조차도 기꺼이 받아들이는 넉넉한 풍모를 지녔음을 과시하려는 행위로도 볼 수 있다. 원래 정치란 일종의 쇼이기도 하니까. 그런데 그러한 쇼조차 하지 못하는 자라면 그들의 정치는 얼마나 건조하고 삭막할까? 건조하고 삭막한 정치를 보면서 살아야 할 백성들의 삶은 또 얼마나 답답하고 괴로울까?

풍자를 막는 건 좁쌀 썰어 먹을 짓

중국 역사에는 지식인을 탄압하는 옥사로서 '문자옥(文字獄)'이 있었다. 중국 황제의 통치술 가운데 하나인데, 고대부터 보이기는 하지만 명(明) 왕조 때부터 두드러지기 시작하더니 청대(淸代)에 만주족이 한족들을 통치하면서 집중적으로 나타났다. 문자옥은 거대한 땅덩어리를 통치하면서 온갖 일들을 처리해야 하는 황제가 신하의 문장 따위를 꼬투리 삼아 소란을 떨면서 사람들의 목을 날린 일이다. 사실 이런 짓은 황제의 마음보가 좁아서 '좁쌀 썰어 먹을 놈'이라는 인상을 심어줄 뿐이지만, 이미 심사가 틀어져서 그런 짓을 일삼는 자가 그런 것을 신경이나 썼을까?

명 왕조의 창업자인 주원장(朱元璋, 1368~1398 재위)은 '민족 영웅'이면서 '평민 황제'로 일컬어진다. 송 왕조를 멸망시키고 들어서서 한족들을 억압한 원(元, 1271~1368)에 항거하여 봉기하고 원을 내몰고서 중화를 회복했으므로 '민족 영웅'이며, 어려서부터 거지 노릇에 중 노릇까지 온갖 고생을 다하면서 간신히 살아남아 이윽고 황제의 자리에 올랐으므로 '평민 황제'다. 그러나 실상을 들여다보면 사뭇 다르다. 그에게는 '무뢰배'나 '부랑아'의 본색이 있었으니, 그가 건국 공신들을 비롯해 무수한 신하들을 도륙한 일이 그렇다.

주원장은 비록 황제의 지위에 올랐으나, 비천한 출신이라는 열등감이 있었던지라 문인들을 시기하고 의심했다. 그 때문에 관리들이 문서로 자신을 비방한다고 여겨지면 인정사정없이 처벌했다. 의심으로 살인을 서슴지 않는데다 좀스럽기까지 한 황제이니, 누가 그 앞에서 감히 직언이나 간언을 할까?

주원장이 맏아들 주표(朱標, 1355~1392)와 나눈 대화가 있다.

> 태자 주표가 "폐하께서 사람을 너무 죽여 기를 상하시지나 않을까 겁이 납니다"라고 아뢰었다. 태조(주원장)는 아무 말이 없었다. 다음 날, 태조는 가시가 박힌 몽둥이를 땅에 던지더니 태자에게 집어 들게 했다. 태자가 난감해하자, 태조는 이렇게 말했다.
>
> "네가 못하겠다면 내가 잘 다듬고 갈아서 광을 낸 다음 너에게 주마. 지금 내가 죽인 자들은 모두 천하에 난을 일으킬 자들로 손을 찌르는 가시와 같은 자들이다. 너를 위해 이것들을 제거해주는데, 이보다 더 큰 복이 어디 있느냐?"
>
> 태자가 머리를 조아리며 말했다.
>
> "위로 요나 순 같은 군주가 있었기에 아래로 요나 순의 백성이 있는 것 아닙니까?"
>
> 이에 태조가 성이 나서 앉았던 의자를 집어 태자에게 던졌다. 태자가 달아나자 태조가 그 뒤를 쫓았다.

주원장이라는 인물의 성품을 단적으로 보여주는 일화다. 아들인 태자의 말, 그것도 이치에 맞는 말을 듣고서도 폭력을 행사한 황제였으니, 피 한 방울 나누지 않은 신하들이야 어찌 감히 직언할 수 있었겠는

가. 그러니 충고라도 하려면 모가지가 날아갈 각오를 단단히 해야 한다. 실제로 주원장에게 감히 충고하러 나서는 사람은 없었다. 그뿐만 아니라 백관들은 아침마다 조회에 나갈 때 처자식과 눈물의 작별 인사를 나누었고, 조회가 끝나 무사히 귀가하면 오늘 하루도 무사했다며 스스로 축하했다고 한다. 얼마나 무시무시한 황제였으며 지옥 같은 조정이었으면!

주원장과는 달리 오래도록 훌륭한 스승들의 가르침을 받아 도덕과 이성을 앞세우는 사람이 된 주표는 사사건건 부친과 부딪쳤고, 부자 관계는 극도로 악화되었다. 결국 태자 주표는 나이 마흔이 되기도 전에 죽었다. 그 때문에 사사건건 부친과 충돌한 탓으로 보는 견해도 있다. 한비의 충고를 깊이 새겼더라면 좋았을 것을.

"무릇 논의의 근거가 아무리 바르더라도 군주가 반드시 들어주는 것도 아니고, 논리가 아무리 온전하더라도 반드시 써주는 것도 아닙니다. 만약 대왕께서 이런 이유로 믿지 않으신다면, 작게는 남을 헐뜯는 자로 여겨질 것이고 크게는 죽음을 부르는 재앙이 그 몸에 미칠지도 모릅니다. 그래서 오자서는 일을 잘 꾀했으나 오나라에서 죽임을 당했고, 공자는 말을 잘했으나 광(匡) 땅 사람들에게 에워싸여 아슬아슬했으며, 관중은 참으로 똑똑했으나 노나라에서 그를 가두어 두었습니다. 그러나 이 세 명의 대부가 어찌 현명하지 못해서 그러했겠습니까? 세 명의 군주가 밝지 못해서였습니다." —「난언(難言)」

누이야, 풍자가 아니면 교체다

한비는 또 「삼수(三守)」에서 "공무를 집행하거나 감옥에 보내는 일, 금지하는 명령이나 형벌에 관한 일을 신하(대통령)가 멋대로 처리하여 군주(국민)를 위협하는 일이 있는데, 이를 형겁(刑劫)이라 한다"고 말했다. 요즘의 돌아가는 꼴이 딱 이 '형겁'의 형세다. 잘못을 했음에도 사과조차 하지 않고, 오히려 둘러대거나 다른 말로 국민들을 현혹시키고 있으니 말이다.

공자는 "허물이 있는데도 고치지 않는 것, 이것을 허물이라 한다"(『논어』「위령공」)고 말했다. 허물이 없는 사람은 없다. 문제는 허물을 고치려 하지 않거나 날명을 일삼는 짓이다. 특히나 지도자의 위치에 있는 자가 제 허물을 돌아보지 않는다면, 그야말로 큰일이다. 그래서 밑에 있는 사람들이 그 허물을 지적하여 고치도록 일깨우는데, 이것이 직언이고 간언이다.

직언이나 간언을 하여도 듣지 않고 잘못을 되풀이하면 그때는 풍자를 한다. 풍자를 했음에도 고치지 않고 심지어는 풍자한 자를 잡아서 가두면, 그때는 욕설을 하며 반발한다. 반발하는 마음이 일면, 언젠가는 등을 돌리고 그 조정이나 정부를 뒤집어엎는다. 물론 간언하거나 풍자한 자를 잡아서 죽일 수도 있다. 그러면 불에 기름을 붓는 격이 된다.

"이토록 똑똑하고 거룩한 자들이 죽임을 당하고 욕됨을 피하지 못한 까닭은 무엇이겠습니까? 그것은 곧 어리석은 군주에게는 말하기가 어렵다는 뜻입니다. 그래서 군자는 말하기를 어려워합니다. 게다가 지극한 말은 귀에 거슬리고 마음이 내키지 않습니다. 똑똑하고 거룩한 군주가 아니라면 잘 들어주지 않습니다. 부디 대왕께서는 이를 잘 헤아리십시오." —「난언」

김수영 시인은 "풍자(諷刺)가 아니면 해탈(解脫)이다"라고 노래했고, 김지하 시인은 "풍자냐, 자살이냐"라고 했다. 이제는 풍자가 아니면 교체다! 제국이여, 풍자가 아니면 몰락이다!

18

민주주의도 제국도 법치다

"통치술을 알지 못하는 자는 꼭 '옛 제도를 바꾸지 말고, 익숙한 법을 바꾸지 말라'고 말한다. 성인은 바꾸느냐 바꾸지 않느냐에 대해서는 전혀 귀를 기울이지 않은 채 상황에 따라 다스릴 뿐이다. 그렇다면 옛 제도와 익숙한 법을 바꾸느냐 바꾸지 않느냐는 옛날의 것이 지금도 알맞은가 알맞지 않은가에 달려 있는 셈이다. 이윤이 은(殷)나라의 제도를 바꾸지 않고 태공이 주(周)나라의 제도를 바꾸지 않았다면, 탕왕과 무왕은 왕자가 될 수 없었을 것이다. 관중이 제나라의 제도를 바꾸지 않고 곽언(郭偃)이 진(晉)나라의 제도를 고치지 않았다면, 환공과 문공은 패자가 될 수 없었을 것이다." —「남면(南面)」

변법은 제국을 구축하는 토대다

춘추시대에 140여 개나 되던 제후국들이 고작 20여 개로 줄었다. 그 가운데서 일곱 개 나라를 중심으로 각축을 벌였으니, 이른바 전국시대다. 전국시대에 가장 먼저 두각을 나타낸 나라는 위(魏)나라다. 위나라는 본래 진(晉)나라의 경대부(卿大夫) 가문 가운데 하나였으나, 기원전 453년에 역시 경대부 가문이던 지백씨(知伯氏)를 멸망시키면서 한씨(韓氏)·조씨(趙氏)와 더불어 진나라를 셋으로 쪼개 하나를 차지했다. 곧바로 위사(魏斯)가 통치를 하면서 위나라는 강성해졌는데, 이에는 이회(李悝)를 재상에 임명하여 개혁을 실시한 것이 결정적이었다.

이회의 개혁은 변법(變法)을 실시하면서 이루어졌다. 그는 "먹는 것에는 노동이 있고, 녹봉에는 공이 있으며, 포상은 반드시 실행하고, 처벌은 반드시 실시되어야 한다"고 주장했다. 그는 경대부의 가문이 대대로 그 지위와 녹봉을 세습 받으며 권세를 누리던 세경세록제(世卿世祿制)를 폐지하고, 경제에서는 땅의 힘을 최대한 이용해야 한다고 주장해서 경작을 장려하고 농업을 발전시켰다. 이어 각 제후국들의 입법 성과를 모아서 최초로 체계적인 성문 형법전인 『법경(法經)』을 편찬했다. 위나라의 군주 위사는 이 『법경』 위에서 통치술을 발휘하여 위세를 떨쳤고, 마침내 재위한 지 44년이 되던 기원전 403년에 주(周) 왕조로부터 '위문후(魏文侯)'로 봉해졌다. 이때를 대개 전국시대의 시작으로 본다.

그러나 위나라는 문후의 손자인 혜왕(惠王) 때 동쪽으로 제나라에, 서쪽으로 진나라에 패배함으로써 영토를 빼앗겨 점점 약소국으로 전락했다. 이는 철저하게 법치(法治)를 실행하지 않았기 때문이다. 이에 대해 한비는 이렇게 적고 있다.

"전국시대에 위(魏)나라는 『입벽(立辟)』을 분명히 하고 헌령(憲令)을 받들던 때에는 공이 있는 자에게는 반드시 상을 주고 죄를 지은 자에게는 반드시 벌을 주어 그 강성함으로 천하를 바로잡고 그 위세를 사방의 나라들에 떨쳤다. 그러나 법령이 느슨해지고 상벌을 함부로 내리면서부터 나라의 영토가 날로 줄어들었다." —「칙사(飭邪)」

법을 밝히느냐 법을 소홀히 하느냐에 따라 부국(富國)이냐 빈국(貧國)이냐, 강병(强兵)이냐 약병(弱兵)이냐가 결정되며, 법을 소홀히 하는 나라는 쇠약해질 수밖에 없다는 뜻이다. 여기서 『입벽』은 위나라의 형법서다. 『법경』이라 불리는 법전을 이렇게 부른 듯하다. 그러나 이런 법전이 있더라도 이를 토대로 통치하지 않는다면, 그것은 무용지물이다. 혜왕은 영토를 넓히고 패자가 되고 싶은 강렬한 열망이 있었음에도 법치의 중요성을 간파하지 못한 탓에 한낱 장식물로 전락시켰다. 이러했으니 변법을 통해 개혁을 이룰 만한 인재였던 공손앙(公孫鞅)을 알아보지 못해서 기용하지 않는 뼈아픈 실책을 저질렀던 것이다.

나중에 상앙(商鞅)으로 불리는 공손앙은 이회의 법가 이론을 학습한 인물이었으나, 혜왕이 자신을 써주지 않으므로 서쪽 진(秦)나라로 가서 효공(孝公)을 만나 자신의 포부를 마음껏 펼쳤다. 공손앙을 통해서 진나라는 비로소 법률체계를 확립했고, 효공 사후에도 군주들은 그가 마련한 법과 제도를 바탕으로 통치를 했다. 진왕 영정(嬴政)이 중국 최초로 천하를 통일하여 제국을 이룩하고 '진시황'이라 일컬을 수 있게 된 토대도 이때 이미 마련되었다.

이처럼 한 나라나 제국을 통치함에 있어 실정에 맞는 법률체계나 적절한 제도를 마련하고 공명정대하게 실행하는 일은 지극히 중요하다. 대개의 경우 이 점에 대해서는 잘 인식하고 있다. 그러나 시대가 달라지면 법률과 제도도 혁신해야 한다는 사실에 대해서는 흔히 간과한다. 심지어는 극력 반대하는 경우도 많다. 이는 기존의 법과 제도에 익숙해 있어서다. 그렇다고 이미 낡은 법률과 제도를 그대로 존속시키는 것은 위기를 자초하는 일이다. 전국칠웅의 여섯 나라가 기원전 230년 한(韓)나라를 시작으로 10여 년 사이에 차례로 진나라에게 멸망당한 까닭이 거기에 있다.

> "옛날과 지금은 풍속이 다르고 새 시대와 옛 시대는 대비하는 것도 다르다. 만약 너그럽고 느슨한 정책으로 급박하게 변하는 세상의 백성을 다스리려 한다면, 이는 고삐와 채찍도 없이 사나운 말을 모는 것과 같다. 이는 현실을 제대로 몰라서 생기는 우환이다." —「오두(五蠹)」

법치(法治)를 바라는 법치(法痴)들

상황이 다르면 대비책도 바뀌어야 하듯이 시대가 달라지면 당연히 법과 제도, 정책 등도 바뀌어야 한다. 그러나 바꾸는 것은 쉬운 일이 아니다. 지금처럼 모든 인간관계와 일들이 매우 복잡하게 얽혀 있을 뿐 아니라 광범위한 영역에서 급속한 변화가 이루어져 일상생활에도 끊임없이 영향을 끼치고 있는 시대에는 더욱 그렇다. 그래서 입법 기관인 국회의 역할이 더욱더 커졌다고 해도 과언은 아니다.

그런데 2014년에 국회에서 법안을 심사하는 시간이 평균 5분을 넘지 않았다는 분석 결과가 나왔다. 선거와 의정을 감시하는 시민단체인 법률소비자연맹이 19대 국회 3차 연도(2014년 5월 30일~2015년 5월 29일)의 상임위 법안심사소위 활동 결과를 분석했는데, 17개 법안소위에서 총 489시간의 회의를 열고 6221건의 법안을 심사했다고 한다.(아래의 자료 참조) 법안 한 건당 평균 심사시간은 4분 43초에 그친 것으로 나왔다. 또 각 법안심사소위에서 1회 회의에서 심사하는 법안 수는 평균 41.8건에 달했다고 한다.

국회 상임위원회별 법안심사소위원회 운영 현황

상임위	회의 횟수	심사 안건 수	안건당 평균 심사시간
기획재정위 조세소위	14	1602	1분45초
기획재정위 경제재정소위	7	373	2분21초
정무위 법안심사소위	15	904	3분14초
환경노동위 법안심사소위	10	327	4분43초
국토교통위 국토법안심사소위	7	140	5분33초
미래창조과학방송통신위 법안심사소위	9	251	6분28초
산업통상자원위 법안심사소위	7	308	6분52초

*기간 : 2014년 5월30일~2015년 5월29일　　자료: 법률소비자연맹

참으로 충격적인 것은 기획재정위원회 산하 조세소위원회의 법안 한 건당 심사시간이 1분 45초, 경제재정소위는 2분 21초에 불과했다는 사실이다. 자본주의 사회에서 경제 관련법은 특히 중요하고 긴요하다. 그런데 법안 하나를 심사하는 데 고작 2분여 걸렸다면, 과연 제대로 된 법안이 마련될 수 있을까? 물론 법안심사소위는 법안의 최종 입법화를 위한 1차 심사 관문에 지나지 않지만, 여기서부터 입법화가 시작된다는 점에서 어쩌면 가장 중요한 단계일 수도 있다.

『법의 제국(Law's Empire)』(1986)을 쓴 로널드 드워킨(Ronald Dworkin,

1931~)은 그 책 서문에서 이렇게 썼다.

"우리는 법 속에서 살며 법에 의거하여 살아간다. 법은 국민, 피고용자, 의사, 배우자, 소유자와 같은 지위를 만들어준다. 법은 칼이며 방패이며 위협이기도 하다. 우리는 임금을 청구하거나, 집세의 지급을 거절하거나, 벌금을 납부하라는 강압을 받거나, 구치소에 구금되기도 하는데, 이 모든 것은 우리의 추상적이고 저 높은 곳에 있는 주권자인 법이 명한 것이라는 명분 아래에 이루어진다. 그리고 우리는 법의 명령과 지시를 담은 것이라고 생각되는 법전이 침묵하고 있는 경우에도 법이 명한 바가 무엇인지를 논의한다. 이때 우리는 마치 법이 임종 때의 말처럼 너무 조그만 소리여서 명확히 알아들을 수 없는 말을 하는 것처럼 행동한다. 우리는 법의 제국의 신하이며 법의 방법과 이념의 신하다. 그래서 우리가 해야 할 것이 무엇인가에 관하여 논쟁을 벌이는 경우에도 우리는 정신적으로 법에 얽매인다."

우리는 법을 벗어나 살 수 없다. 그런데 대부분의 국민들은 법을 잘 알지도 못한 채 살아간다. 그것은 드워킨의 말처럼 법의 소리가 너무 조그마해서 잘 알아들을 수 없기 때문이다. 국회를 두고서 대표를 뽑아 입법의 문제를 다루게 하는 것도 그 때문이다. 그런데 그 일을 맡아서 해야 하는 사람들이 법의 제정과 개정보다는 정쟁에 더욱 혈안이 되어 있는 게 안타깝게도 우리 현실이다. 이는 국민들이 법의 존재 의의와 필요성을 잘 모르는 탓에 대표로 뽑을 때 반드시 입법과 관련된 능력을 중시해야 한다는 사실조차 간과했기 때문이리라.

법치가 아니면 민주주의도 제국도 없다

1945년 8월 15일에 해방을 맞았으나 심각한 정치적 갈등으로 1948년 5월 10일에야 선거가 가능한 38선 남쪽에서만 헌법 제정을 위한 국회의원 선거가 치러졌다. 선출된 198명의 의원들로 제헌국회가 구성되었다. 제헌국회의 최대 임무는 대한민국의 법적 기초가 될 헌법을 제정하는 일이었다. 6월 23일에 법안이 국회에 상정되었고, 7월 12일에 국회에서 통과되었다. 7월 17일, 이승만이 서명한 후에 공포되었다. 이를 기리기 위해 7월 17일을 국경일로 삼아 '제헌절(制憲節)'이라 했지만, 이제 이 날은 '휴일이 아닌 국경일'로 여겨질 뿐이다. 그러니 진정한 법치, 법치를 통한 민주주의, 나아가 제국의 길을 모색할 바탕이 되어 있다고 할 수 있을까?

아직 우리는 민주주의에 걸맞은 법치의 토대를 마련하지 못하고 있음을 자각하고 노력해야 하지만, 모두들 말뿐이다. 당장 자신에게 불이익이 닥치지 않으면 "나 몰라라!" 하고 있으니. 더구나 조선조 내내 인의(仁義)와 예악(禮樂)을 중시한 유교가 지식인들과 백성들의 의식을 지배해온 탓에 유교의 대척점에 있는 법가(法家)의 사상을 배척하는 것이 여전한 실정이다. 이것이 법치 위에서 이루어져야 할 민주정치까지 가로막는 장애로 작용하고 있다면 지나친 생각일까?

한비가 "쓸모없는 지혜를 섬기는 백성이 많아지면 법은 무너지고, 힘써 일하는 자가 적어지면 나라는 가난해진다. 이것이 세상이 혼란해지는 까닭이다"(「오두」)라고 말하면서 유가의 학문과 선비들을 몰아붙였는데, 여기에는 일말의 진실이 담겨 있음을 간과할 수 없다. 만약 유교의 진정한 실체와 가치를 제대로 밝혀내고 그것을 지금 시대에 맞게 재해석하고 변용하지 않는다면, 유교의 가치를 떠벌리는 것은 "죽은 자식 고추 만지기"에 지나지 않는 서글픈 일이 될 것이다. 무엇보다도 유교가 법령이나 형벌을 등한시했다는 인식을 버려야 한다. 성리학의 나라 조선에 어찌 법률이 없었겠으며, 어찌 형벌을 실시하지 않았겠는가? 저 『경국대전(經國大典)』을 보라.

태조 6년(1397)에 편찬된 『경제육전(經濟六典)』이 곧바로 수정되기 시작하여 태종 때 『속육전(續六典)』이 만들어졌고, 다시 세종 때 보완작업이 계속되었다. 그러나 여전히 미비하거나 현실과 모순되는 것이 많았다. 고려 말의 법령 및 판례법과 관습법을 바탕으로 한 것이었기 때문이다. 국가체제가 정비되어 감에 따라 체계적이고 통일된 법전이 더욱 필요해졌다. 이리하여 세조(世祖)가 즉위하자마자 육전상정소(六典詳定所)를 설치하여 새로운 법전 편찬 작업이 시작되었다. 1466년에 편찬이 일단락되었으나, 보완을 계속하느라 시행은 미루어졌다. 성종(成宗) 때 들어와서도 수정은 계속되었고, 드디어 1484년 12월에 마무리하여 이듬해 1월부터 시행했다. 이것이 오늘날 전하는 『경국대전』이다.

이처럼 『경국대전』의 편찬에 오랜 시일이 걸린 것은 사회의 변동과 발전에 충분히 대응하기 위해서였던 것이다. 유교가 예악을 앞세운 까닭에 법률이나 형벌을 마치 소홀히 한 것처럼 여기는 것은 심각한 착오임을 잊어서는 안 된다. 조선 후기의 실학자 이익(李瀷, 1681~1763)이 쓴 글을 한번 보라.

"어진 사람이 정치를 하면서 형벌과 사형 집행이 필요하지 않다고 한다면, 요나 순이 임금이 되었을 때 형법을 폐지하지 않은 까닭은 무엇인가? 더구나 후대에 와서는 풍속이 경박해서 착하지 못한 사람들이 많아졌음에랴. 악행을 저지르며 함부로 흉악한 짓을 하는 저들은 이익과 손해에 마음이 흔들려 죽을 일도 과감하게 하는데, 하물며 그냥 놓아줄 수 있겠는가?" —『성호사설』「형법(刑法)」

19

법치는 변혁과 실행의 합주다

"송나라에 어떤 농부가 있었는데, 그의 밭 가운데에 그루터기가 하나 있었다. 어느 날, 토끼가 내달리다가 그루터기에 부딪쳐서 목이 부러져 죽었다. 이로 말미암아 농부는 쟁기를 버려두고서 그 그루터기만 지키며 토끼가 다시 오기를 기다렸다. 그러나 다시는 토끼를 얻을 수 없었고, 그는 송나라 사람들의 웃음거리가 되었다. 이제 옛날 왕들의 정치를 가지고 지금 세상의 백성들을 다스리려 하는 것은 모두 저 농부처럼 하릴없이 그루터기를 지키는 것과 같다." —「오두」

사람들 입에 자주 오르내리는 '수주대토(守株待兎)'의 출전이 『한비자』다. 위의 이야기가 그것이다. 대부분의 사람들은 송나라의 농부를 비웃을 것이다. 자신은 그런 어리석은 짓을 하지 않는다고 여기기 때문이다. 과연 그럴까?

형사정의법, 영국이 보여준 변법

1994년 4월 22일, 영국 런던에서 있었던 일이다. 밤 열 시가 넘은 시각에 한 고등학생이 집으로 가는 버스를 타기 위해 버스 정류소 근처를 걷고 있었다. 이때 한 무리의 백인 청년들이 다가왔고, 이들은 곧 이 고등학생을 에워싸고는 내리누르면서 칼로 깊숙이 두 차례 찔렀다. 고등학생의 오른쪽 쇄골과 왼쪽 어깨에서 피가 흘러나오기 시작했다. 오른팔의 감각이 사라지고 호흡이 거칠어진 고등학생은 120미터나 달려간 뒤에 쓰러져 과다 출혈로 사망했다. 사망한 고등학생은 스티븐 로렌스(Stephen Lawrence)라는 흑인이었다.

사건이 일어난 지 사흘 만에 주요 용의자들이 밝혀졌다. 게리 돕슨, 데이빗 노리스 외 세 명으로, 이들은 극단적인 인종혐오주의자였다. 그런데 2주가 지난 뒤에야 다섯 명의 용의자들이 차례로 체포되었고, 7월 29일에 검찰청은 증거 불충분으로 기소를 중지했다. 이 의심스런 검찰청의 발표에 반발하여 로렌스의 가족들은 검찰을 통하지 않고 '자가(自家) 기소'를 하기로 했다. 그리하여 어떠한 법률적 도움도 받지 않고 자체적으로 법의학적 증거를 분석하고 목격자들과 다시 인터뷰를 하여 기소했으나, 결국 증거 불충분으로 다섯 명은 모두 무죄 판결을 받고 풀려났다. 희생자는 있고 범죄자가 없는 사건! 당연히 의혹이 제기되고 여론도 들끓었다.

그리고 1999년, 하나의 보고서가 발표되었다. 2년간 조사하고 증거를 수집하여 수사와 재판 과정의 문제점을 낱낱이 파헤친 그 보고서는 '맥퍼슨 보고서'라고도 불리는 〈스티븐 로렌스 보고서〉다. 이 보고서는 1997년 7월 31일에 내무장관의 지시로 윌리엄 맥퍼슨이 책임을 지고 조사한 결과다. 이 보고서에서 지적한 문제점을 간략하게 정리하면 다음 네 가지다. 첫째는 늑장 수사, 둘째는 경찰의 뇌물 수수, 셋째는 부패와 비리로 얼룩진 수사기관, 넷째는 뿌리 깊게 남아 있는 인종차별제도 등이다.

'맥퍼슨 보고서'에 따라 새롭게 로렌스 살인 사건을 조사하여 재판을 해야 하지만, 문제는 "이미 무죄로 판결을 받은 사람에게 같은 죄를 다시 물을 수 있는가"라는 점이었다. 이는 최종 판결을 받은 사람에게 같은 죄를 두 번 묻지 않는다는 '일사부재리의 원칙'을 거스르는 것이기 때문이었다. 여기서 첨예한 논쟁이 촉발되었다. 한쪽에서는 "원칙을 바꾸는 것은 수백 년 사법 체계를 뒤흔드는 것이다"고 했고, 다른 한쪽에서는 "우리는 더 나은 세계로 나아가기 위해 오랫동안 존재해온 제도와 관습을 변화시킬 수 있다"고 했다.

유지를 주장하는 쪽과 변혁을 주장하는 쪽의 대립은 날카로울 수밖에 없고, 변혁을 주장하는 쪽이 늘 불리하다. 왜냐하면 대부분의 사람들은 오랜 관습에 이미 익숙해 있기 때문이고, 변화는 불편하며 그다지 유익하지 않다고 여기기 때문이다. 한비가 「오두」에서 "성인은 꼭 옛날 방식을 따르려 하지 않고 정해진 것을 본뜨려 하지 않으며, 세상사의 흐름을 잘 따져서 그에 따라 대비한다"고 말했듯이, 성인이라야 시세의 변화를 잘 읽고 그에 걸맞은 방식을 마련하는 데에 아무런 거리낌이 없기 때문이다.

그럼에도 영국에서는 2년 동안의 조정을 거쳐 새로운 원칙을 세웠다. 이른바 '형사정의법 2003(Criminal Justice Act 2003)'이다. 이 법은 "살인, 성폭행과 같은 중대한 범죄에 한해서 새로운 강력한 증거가 확보되면 범죄자를 다시 심판할 수 있다"는 것으로, '일사부재리의 원칙'을 적절한 수준에서 변혁한 것이다. 이 법을 토대로 스티븐 로렌스 사건은 다시 재판을 할 수 있었고, 새로 확보된 증거에 의해 유죄가 입증된 두 명의 범인은 2012년에 각각 15년 2개월, 14년 3개월의 실형을 선고받았다.

변혁은커녕 실행조차 뒷걸음인 한국

변법(變法)이라 해서 변혁만이 능사는 아니다. 설령 변혁을 했다고 하더라도 공명정대하고도 철저하게 실행하지 않는다면, 아무런 의미가 없다. 말하자면, 법치는 적절한 변혁과 더불어 공명정대한 실행이 어우러져야 가능하다는 뜻이다. 영국의 '형사정의법 2003'도 곧바로 실행되어 하마터면 법망을 빠져나갔을 중죄인들을 심판대에 세워서 그들의 범법에 걸맞은 처벌을 내렸다. 이것이 진정한 법치다. 그런 점에서 보자면, 최근에 대법원이 원세훈 전 국정원장의 대선 개입 사건 상고심에서 일부 파일의 증거능력을 문제 삼아 사건을 파기환송한 일은 과연 한국이 법치의 기본을 잘 지키고 있는지, 법치국가로 나아가려는 의지가 있는지 의문이 들게 만든 사례였다.

2015년 7월 16일, 대법원은 원세훈 전 국정원장이 대선에 개입했다는 것을 입증할 만한 지시사항과 업무일지가 담긴 두 개의 파일을 "일부 내용이 조악하고 개인적인 부분이 포함돼 있다"고 하면서, 제출된 증거들의 증거능력이 부정된 상태에서는 원세훈 전 국정원장의 선거법 위반 혐의에 대한 유무죄 판단도 할 수 없다고 했다. 그런데 사법부의 최고기관에서 내린 판결이라고 보기에는 너무도 엉성하고 참으로 두루뭉술한, 결코 대법원에 걸맞지 않은 판결이다. 현 정권에 정치적 부담을 주지 않으려 한 것이거나 현 정권의 눈치를 본 것으로 해석되지만, 어떠한 이유나 명분을 덧붙여도 정당화되지 않는, 허술하기 짝이 없는 판결이다. 대법원의 이런 판결을 두고 '보수적이다'라고 말하는 경우도 있는데, 그것은 허튼소리거나 군소리다. 이미 원칙을 저버렸는데, 거기에 무슨 진보가 있고 보수가 있겠는가? 법은 그 자체로 원칙이다. 원칙을 저버리는 순간, 거기에는 어떠한 법도 존재하지 않는다. '법의 공백'이 있을 뿐이다.

법의 공백이 느껴질 수밖에 없는 사례로 '태완이법'을 들 수 있다. '태완이법'은 살인죄 공소시효를 폐지하기 위한 형사소송법 개정안이다. 1999년 대구에서 발생한 황산테러로 여섯 살 어린 김태완 군이 숨진 뒤 범인을 잡지 못한 채 공소시효 만료(2014년)가 임박하자 추진됐는데, 법안은 2012년 9월에 제출되었음에도 2015년 7월 24일에야 비로소 국회를 통과했다. 늦어도 너무 늦은데다 문제도 적지 않다.

우선 김태완 군 사건에는 공소시효가 적용되지 않는다고 한다. '법률불소급의 원칙'에 따른 것이다. 이에 대해서는 따로 논의가 필요할 것이므로 각설한다. 정작 더 큰 문제는 강간치사나 폭행치사, 상해치사, 존속살인 등은 개별법 별로 추가 논의가 필요하다는 이유로 이 개정안에서는 제외되었고, 또한 '5년 이상'의 형에 해당하는 중범죄의 경우에 DNA 등 과학적 증거가 확보되면 범죄자를 특정할 수 없더라도 공소시효를 10년간 중단할 수 있도록 하는 내용도 심의 과정에서 빠졌다는 사실이다. 왜 제외되고 빠졌는지에 대해서는 사람마다 다른 반응을 보이겠지만, 무려 3년에 걸쳐 논의한 결과치고는 참으로 허망하기 짝이 없다.

한나라 문제(文帝) 때, 장석지(張釋之)라는 관리가 있었다. 그는 형옥(刑獄)을 관장하는 정위(廷尉)의 벼슬에 있었다. 어느 날, 도둑이 한나라 고조인 유방(劉邦)을 모시던 사당에 도둑이 들어 옥가락지를 훔치는 일이 발생했다. 도둑은 곧 붙잡혔는데, 몹시 노한 문제는 도둑을 장석지에게 넘겨서 다스리게 했다. 장석지는 종묘의 옷과 물건을 훔친 자에 관한 법률에 의거하여 기시(棄市, 사형에 처한 뒤에 시신을 시장 바닥에 버리는 형벌)에 해당한다고 판결했다. 그러자 문제는 화를 내며 말했다.

"그 놈은 선제(先帝)의 종묘에서 물건을 훔쳤소. 내가 그를 정위에게 넘긴 까닭은 그놈의 집안까지 멸하도록 하려던 것이었소? 그런데 어째서 그대는 기시에 해당한다고 하는 것이오?"

이에 장석지는 관을 벗고 머리를 조아리면서 말했다.

"법에 따르면 이렇게 해야 마땅합니다. 형벌이란 경중을 가려 처리해야 합니다. 지금 종묘의 물건을 훔쳤다고 하여 훔친 자와 그 집안을 멸한다면, 만에 하나라도 어리석은 백성이 고조의 능인 장릉(長陵)의 흙을 한 움큼이라도 훔쳐가는 일이 생겼을 때는 어떤 법을 적용하시겠습니까?"

문제는 한참 생각하더니 장석지의 판결이 타당하다고 여겨 동의하였다.

한비는 법령이 느슨해지고 상벌을 함부로 내릴 경우에 그 나라는 심각한 위기에 봉착하게 된다면서 「칙사(飭邪)」에서 이렇게 말했다.

"조(趙)나라는 「국률(國律)」을 분명히 하고 대군을 거느리던 때에는 인구도 많고 병력도 강해서 제나라와 연나라까지 영토를 넓혔다. 그러나 「국률」이 느슨해지고 위정자들이 나약해지면서 나라의 영토가 날로 줄어들었다. 연나라는 「봉법(奉法)」을 분명히 하고 관아의 결정을 신중하게 할 때에는 동쪽으로 제나라까지 현을 두고 남쪽으로는 중산(中山) 땅을 다 차지했다. 그러나 「봉법」이 시행되지 않고 관아에서 제대로 결정하지 못하게 되자 군주의 측근들이 서로 다투고 아래에서부터 논쟁이 일어나면서 병력은 약해지고 영토는 깎였으며 나라는 이웃한 적국에 제압당했다. 그래서 '법을 밝히는 자는 강하고, 법을 소홀히 한 자는 약하다'라고 말한다."

법을 바꾸고 밝혀야만 강해진다

'형사정의법 2003'은 현대 영국이 '변법'을 왜 해야 하는가, '변법'을 한다면 어떻게 할 것인가를 보여준 대표적인 사례라 할 수 있다. 특히 제국을 경험했고 찬란한 전통과 관습에 대단한 자부심을 가진 영국에서 수백 년 동안 이어져오던 원칙을 과감하게 변혁한 것이라는 점에서 결코 예사로 볼 일이 아니다. 어쩌면 이렇게 변혁시킬 수 있었던 힘이 한낱 섬나라였던 영국으로 하여금 거대한 제국을 이룰 수 있게 했던 원천이 아니었을까? '형사정의법 2003'은 한비가 "세상이 달라지면 일도 달라지고, 일이 달라지면 대비하는 것도 바뀌어야 한다"(「오두」)고 한 말을 충실하게 실천한 결과로 볼 수 있다.

토끼 한 마리가 부딪쳐 죽는 바람에 손쉽게 이익을 얻었다고 하릴없이 기다리는 저 어리석은 농부처럼 해서는 진정한 부국강병도 이룰 수 없다. '창조경제'를 아무리 떠들어도 법원에서 온갖 차별과 불편부당이 행해지고 있다면, 선진국으로 가는 길은 더욱더 멀어진다. 「스티븐 로렌스 보고서」에는 다음과 같은 문장이 나온다.

"사건 이후 어느 누구도 이 끔찍한 사건에 대해 처벌받지 않았습니다. 이것은 유가족과 우리 사회에 크나큰 상처로 남을 것입니다. 하지만 우리는 정부와 사회가 변화를 달성할 의지가 있다고 믿습니다."

원세훈 전 국정원장의 상고심에 대한 대법원의 판결을 보면서 과연 우리 정부와 사회에 변화를 이룩하겠다는 의지가 있는지 의심스럽다. 그리고 우리는 이미 너무도 많은 '반-법치적'인 행태를 봐왔다. 그럼에도 나는 믿고 싶다, 진정한 법치가 이루어질 것임을! 그래서 이 글을 쓴다.

20

사면, 대권의 활용인가 남용인가

"법률이 결코 규정할 수 없는 많은 것들이 있으며, 그러한 것들은 행정권을 가진 자가 재량에 의해서 필히 그에게 위임하여야 한다. 아니 법률자체가 어떤 경우에는 행정권 또는 오히려 자연과 국가의 기본법, 곧 사회의 모든 구성원은 최대한 보존되어야 한다는 원칙에 양보해야 한다고 생각하는 것이 적절할 수도 있다. 엄격하고 경직된 법률의 준수가 오히려 해를 끼치는 많은 우발적인 사태가 일어날 수 있기 때문이다.(마치 어느 집이 불타고 있는데, 불을 끄기 위해서 화재에 아무런 책임이 없는 이웃사람의 집을 결코 헐 수 없다고 주장하는 경우처럼 말이다.) 법률은 사람에 따른 차별을 하지 않으므로 어떤 사람이 보상과 사면을 받을 가치가 있는 행동을 했음에도 때로 법의 처벌을 받게 되는 경우도 있다. 통치자는 많은 사건에서 법의 가혹한 적용을 완화시키고 일정한 범법자들을 사면할 수 있는 권력을 가져야 마땅하다. 정부의 목적은 가급적 최대한 만인을 보조하는 것이므로, 심지어 죄를 지은 자라도 무고한 자에게 아무런 피해를 주지 않았다고 입증되면 사면하여도 무방할 것이다." — 존 로크의 『제2론(또는 통치론)』, 「대권(大權)에 관하여」

비리 기업인의 사면은 허울이다

2015년 7월 13일, 박근혜 대통령은 광복 70주년을 맞아 국민대통합을 위한 사면이 필요하다고 말했다. 곧바로 이에 대해 찬반 논란이 일었다. 그럴 수밖에 없는 것이 그동안 사면권 남용이 없도록 사면권 행사를 최대한 자제해온 것을 자부했던 대통령이 갑자기 대대적인 사면이 있을 듯한, 아니 사면을 할 작정으로 발언을 했기 때문이다. 더구나 불법이나 비리를 저지른 대기업의 총수들이나 오너들도 포함할 것으로 예상돼 더욱더 논란이 되었다. 7월 24일에 대기업 총수 17명을 청와대로 초청해 간담회를 가진 것도 그런 예상을 충분히 뒷받침하는 일이었다. 따라서 국민대통합을 위한 사면이라는 말은 한낱 구실일 뿐이었다.

대기업이나 재벌 그룹들이 이런 사면을 쌍수를 들고 환영한 것은 당연하다. 그러나 그들이 반기는 것은 그들의 동업자 의식에서 말미암은 것이지, 결코 국가의 경제와 국민의 복지를 위해서 그러자는 것이 아니다. 그동안 경제발전에 기여해왔고 당장에는 투자활성화나 경제활성화를 위해서 이런 사면이 필요하다고 말했지만, 과연 지금 한국의 경제 문제가 그들 불법과 비리를 저지른 총수나 오너의 부재로 말미암은 것일까? 결코 아니다.

한국이 비교적 짧은 기간에 괄목할 만한 경제성장을 이룩했음에도 아직 선진국 대열에 끼지 못하는 것은 바로 진정한 법치를 이루지 못하고 있어서다. 가진 자에게, 힘 있는 자에게 법과 행정이 손을 들어주면서 불평등을 더욱더 조장하고 있어서다. 따라서 법치를 뒤흔들면서 불평등을 조장하는 짓을 대권을 쥔 대통령이 앞장서서 할 일은 결코 아니다.

만약 참으로 한국 경제를 살리고 진정한 '창조경제'를 이루기를 바란다면, 청년들이 일할 자리를 서둘러 마련하고 중소기업이 대기업의 횡포에서 자유로워지도록 제도와 정책을 마련하는 일이 급선무다. 사실 한국 경제는 무수한 중소기업들이 든든하게 받쳐주었기 때문에 급성장할 수 있었고, 대기업 또한 중소기업들을 바탕으로 거대해졌다. 그리고 여전히 한국의 경제는 중소기업들이 지탱하고 있다.

현재 한국 경제에서 중소기업은 업체수에서는 99.1%를 차지하고, 종사자 수에서는 87.7%이며, 생산액은 47.6%이고, 부가가치는 49.5%다. 한국이 무역의존도가 높은 까닭에 대기업이 중요한 구실을 하고 있지만, 중소기업이 뒤를 받쳐주지 않는다면 대기업의 존속도 위태로워질 수 있다는 것은 명약관화하다. 그럼에도 대기업들이 중소기업이나 하청업체에 저지르는 횡포는 얼마나 심한가? 이를 바로잡지 않고서는 '창조경제'는 허울뿐인 구호가 되는데, 이는 제쳐두고 오히려 부정과 비리를 저지르면서 기업을 사적으로 이용한 경제인을 사면한다는 것은 법질서에도 맞지 않고 정서상으로도 결코 적절하지 않다. 이는 '국민대통합'에 역행하는 일이며, 앞으로도 기업인들이 저지를 부정과 비리에 대해 미리 면죄부를 주는 것에 지나지 않는다.

"이제 나라를 다스릴 줄 모르는 자들은 모두 '형벌을 무겁게 하면 백성들이 상한다. 형벌을 가볍게 해도 간악한 짓을 그치게 할 수 있다. 그러니 어찌 꼭 무겁게 할 필요가 있겠는가?'라고 말한다. 이는 다스림의 이치를 제대로 살피지 못한 것이다. 무릇 무거운 형벌이라야 그치는 자는 결코 가벼운 형벌로는 그치지 못하지만, 가벼운 형벌로도 그치는 자는 반드시 무거운 형벌로도 그친다. 이런 까닭에 군주가 무거운 형벌을 쓰면 간사한 짓이 모조리 그친다. 간사한 짓이 모조리 그친다면, 어찌 백성들을 상하게 할 수 있겠는가?" —「육반(六反)」

엄정한 법 집행이 경제정의도 세운다

영국의 정치철학자로서 국가를 '사회계약'의 산물로 파악하여 최초로 체계적인 논의를 펼친 토마스 홉스(Thomas Hobbes, 1588~1679)는 『리바이어던』(1651년)에서 인간이 '추론상의 결함이나 오류' 즉 그릇된 원칙으로 말미암아 범죄를 저지르는 일이 있다고 하면서 이렇게 말했다.

"언제 어디에서나 힘을 가진 자, 승리한 자는 아무리 부정한 행위를 해도 정당화되는 것을 보고서, 또 유력한 사람들은 유유히 법망을 빠져나가고 약자나 혹은 사업에 실패한 사람들만 범죄자가 되는 것을 보고서, 이를 추론의 근거로 삼아 다음과 같은 원칙을 세우는 사람들이 있다. '정의라는 것은 빈말일 뿐이다. 자신의 노력과 모험으로 얻을 수 있는 것은 무엇이든 자기 것이다. 어느 나라를 보더라도 다 그러한데, 어찌 그것이 불의일 수 있겠는가? 과거의 전례들은 현재 그렇게 해도 좋다는 훌륭한 근거가 아닌가?' 이러한 종류의 추론을 받아들이고 나면, 어떤 행위도 그 자체로는 범죄가 되지 않는다. 법에 의해서가 아니라, 그 행위를 한 사람들의 성공여부에 의해 범죄가 구성되기 때문이다."

지금 이 나라의 대부분 재벌 총수들이나 오너들이 지니고 있을 법한 인식 또는 추론상의 오류를 그대로 드러냈다고 말할 수 있을 만큼 예리하게 지적했다. 몇 년 전, 삼성 이건희 회장과 현대 정몽구 회장은 자신들이 저지른 불법에 대해 형량을 줄이거나 여론을 조금이라도 유리하게 만들기 위해 기부하겠다는 의시를 표시했다. 그것은 곧 가진 자, 힘 있는 자의 인식이 어떠한지를 여실하게 보여주는 일이었다. 이런 심리를 정확하게 꿰뚫어본 토마스 홉스는 "부의 크기로 자신을 평가하는 사람들은, 공공의 정의를 매수하거나, 혹은 금전이나 다른 보상으로 용서를 얻어, 처벌을 피할 수 있다고 생각하여 흔히 범죄를 저지른다"고 말했다.

토마스 홉스의 이 말에 대해 당당하게 이의를 제기할 대기업 총수나 오너가 있을까? 그들은 오로지 부의 크기만을 최선으로 여기는 사람들이라 해도 과언이 아니다. 바로 그런 인식이 깔려 있기에 갖가지 위법과 부정을 저지르고도 태연하게 행세하고 있는 것 아니겠는가. 지금이 부의 크기로 인간 됨됨이나 덕성을 재도록 부추기는 그런 자본주의 시대이기 때문일 수도 있으나, 그렇다고 정당화되지는 않으며 정당화될 수도 없다.

초나라 남쪽 땅 여수(麗水)에서 금이 나오자 많은 사람들이 몰래 금을 캤다. 이에 금을 캐지 말라는 금령을 내렸는데, 이를 어기다 걸리면 곧바로 저자에서 사지를 찢어 죽여 매달았다. 그렇게 죽은 자의 수가 많아 강물을 막을 정도가 되었음에도 사람들은 금을 몰래 캐는 일을 그만두지 않았다. 사지가 찢겨 죽어서 저자에 내걸리는 것보다 더한 형벌은 없는데도 그만두지 않는 것은 반드시 걸리는 건 아니라고 여겼기 때문이다. 그런데 이제 여기에 이런 말을 하는 자가 있다고 하자.

"너에게 천하를 주는 대신 네 몸을 죽이겠다."

그러면 평범한 사람도 받아들이지 않을 것이다.

무릇 천하를 얻는 것은 커다란 이익이지만, 그래도 하지 않는 것은 반드시 죽을 것을 알기 때문이다. 그렇다면 반드시 걸리는 게 아니라고 여겨지면 비록 사지를 찢어 죽인다고 해도 금을 캐는 일을 그만두지 않을 것이고, 반드시 죽게 되리라는 걸 안다면 비록 천하를 준다고 해도 하지 않을 것이다. —「내저설 상」

이익을 좋아하고 이끗을 좇는 인간의 성향 자체는 부정할 수 없다. 그러나 그러한 성향이 남들을 해칠 뿐만 아니라 그 자신을 해치도록 내버려두어서는 안 된다. 법치가 필요한 이유가 여기에 있다. 보편종교와 윤리 도덕의 강력한 사슬에서 간신히 풀려난 인간들이 거침없이 탐욕을 부추기고 욕망을 긍정하게 된 이 시대에는 더욱더 법치가 긴요하다. 따라서 경제 문제에 관한 한 법의 적용을 더욱 엄격하게 해야 하고, 불법이나 비리를 저지른 경제인의 사면에 대해서도 아주 삼가야 한다. 자칫 경제와 관련된 범죄를 조장할 수 있기 때문이다. 실제로 그동안 대기업 총수들이나 오너들, 경제인들의 부정과 비리가 좀체 줄지 않고 더욱더 공공연하게 저질러지고 있는 것을 보아서도 입증된 사실이 아닌가?

"형벌을 무겁게 하는 것은 죄인을 괴롭히기 위해서가 아니다. 현명한 군주의 법은 죄를 판단하는 기준이다. 그러나 도적을 다스린다는 것은 판단의 대상이 된 자를 다스린다는 뜻이 아니다. 판단의 대상이 된 자를 다스린다면, 이미 죽은 자를 다스리는 꼴이 된다. 도둑을 형벌에 처한다는 것은 형벌의 대상이 된 자를 다스린다는 뜻이 아니다. 형벌의 대상이 된 자를 다스린다면, 이는 죄수를 다스리는 꼴이 된다. (법이란 사후에 처벌하는 것보다 미연에 방지하는 데에 의의가 있다.) 그러므로 '하나의 간악한 죄를 엄중하게 처벌하여 나라 안의 사악한 행위를 그치게 하는 것, 이것이 다스리는 방법이다'라고 말한다. 무거운 형벌을 받는 자는 도적인데, 이를 보고 슬퍼하고 두려워하는 자는 양민이다. (이리하여 양민들은 죄를 지으려 하지 않는다.) 그러니 잘 다스리려 하는 자가 어찌 형벌을 무겁게 하는 일에 머뭇거리겠는가!" —「육반」

다른 나라에서도 사면권을 행사한다. 그러나 다음과 같이 제한을 두고 있다. 미국의 경우, 탄핵소추가 확정된 전직 공무원은 사면 불가이며, 유죄 판결이 확정된 후 5년이 경과하기 전에도 불가하다. 프랑스에서는 부정부패 공직자와 선거법 위반 사범은 제외되며, 형이 확정되기 전에 특사가 이루어지더라도 재판은 계속 진행한다. 독일에서는 특별사면을 단행하기 전에 담당 법원의 의견을 청취하며, 특별사면 대상자가 물의를 일으키면 특사를 철회할 수 있다고 한다. 가까운 일본의 경우, 형기를 3분의 1을 채우기 전에는 특별사면이 불가하며, 무기징역은 복역 10년이 지나야 특사가 가능하다고 한다.

공공선을 벗어난 대권은 남용이다

광복 70주년을 맞아 국민대통합을 위한 사면이라고 하는데, 과연 이 사면 하나로 국민대통합이 이루어질까? 참으로 그렇게 되리라고 믿는 것일까? 분명히 정치적 의도가 다분하다고 해야 옳다. 메르스(중동호흡기증후군) 사태로 대통령의 지지율이 떨어진 탓에 국면전환용으로 보는 견해도 있는데, 이를 과연 부정할 수 있을까?

광복은 빼앗긴 주권을 되찾았음을 뜻하는데, 이제 엉뚱하게도 비리를 저지른 기업의 총수들이나 오너들이 해방된다면 국민으로서는 주권을 도로 빼앗기는 셈이나 마찬가지다. 그렇지 않은가? 엄연히 범법행위를 저지른 자들이 백주대로를 활보하게 된다면, 더구나 저지른 죄가 크면 클수록 더욱 쉽게 햇빛을 보게 된다면, 누가 큰 죄를 저지르지 않겠는가?

사면권은 왕정 시대에도 자주 행해졌다. 나라에 큰 가뭄이 들거나 전염병이 돌거나 천재지변 따위로 큰일이 생기면 군주가 대대적으로 사면을 실행했다. 대통령제 국가에서는 이 사면권을 대통령이 행사하는데, 그것은 대통령이 대권을 쥐고 있기 때문이다. 시민정부의 목적에 대해 논의한 존 로크(John Locke, 1632~1704)는 『제2론』에서 "법률의 지시가 없이도 그리고 때로는 심지어 법률을 위반하면서까지 공공선을 위해서 재량에 따라 행동할 수 있는 이 권력이 이른바 대권(大權)이라고 불리는 것이다"라고 말했다. 따라서 대권을 쥔 대통령이 '국민대통합'이라는 명분으로 사면권을 행사하는 것에는 누구도 반론을 제기하기 어렵다. 그러나 어떠한 경우에도 반드시 지켜야 할 것이 있으니, 바로 공공선과 공공의 이익이다. 이를 거스르는 순간, 그는 대권을 남용하는 자가 된다.

"우둔하고 사악한 군주는 그의 전임자들이 법의 지시 없이 행사하던 권력을 공직상의 권리로서 자신에게 속하는 대권이라고 주장하면서 그것을 공공의 이익과 구분되는 이익을 취하거나 추진하기 위해서 마음 내키는 대로 행사하고자 하지만, 이로 인해 인민들로 하여금 자신들의 권리를 주장하게 만들고, 나아가 그들의 선을 위해서 행사되는 동안에는 만족하여 묵시적으로 허용하던 권력을 이제는 제한하고자 하는 계기를 촉발하게 된다." —『제2론』

21

재벌은 불평등 소유의 마루지다

“약자들에게는 새로운 족쇄를, 부자들에게는 새로운 힘을 부여한 사회와 법률의 존재는 자연 상태의 자유를 회복 불가능하리만큼 파괴시켰고, 불평등 소유라는 규칙을 끝없이 확립시켰으며, 교묘한 강탈을 확고부동한 권리로 변모시켜, 전 인류가 소수의 야심찬 인간들을 위하여 노동과 예속과 비참 속에 살도록 강제하였다.” — 장 자크 루소, 『인간 불평등 기원론』

불평등 소유를 확장하는 재벌

롯데 일가의 경영권 분쟁이 점입가경이다. 그러나 정작 국가와 국민들에게 문제가 되는 것은 '재벌'의 존재 자체다. 그것은 재벌이 시대착오적인 기업집단이면서 사회적으로 부정적인 영향을 끼치고 있기 때문이다.

재벌은 일반적으로는 가족이나 친인척 구성원들이 출자한 지주회사(모기업)가 핵심이 되고 다양한 산업을 경영하는 자회사들 또는 계열사들을 지배하는 형태를 이룬다. 계열사들의 관계는 순환출자를 통해 복잡하게 얽혀 있는 경우가 많은데, 한국의 재벌은 이런 경우다. 1960년대 경제개발계획이 시작되면서 덩달아 재벌도 성장하였다. 고도성장을 위한 불가피한 측면도 있었지만, 문제는 이들 재벌을 중심으로 법률과 권력이 움직이면서 수많은 중소기업들과 대다수 국민들이 불이익을 받았고 또 여전히 받고 있다는 사실이다.

국내에서만 80여 계열사를 거느린 롯데그룹은 한 해 매출이 84조원에 이르지만, 계열사 간에 416개 순환출자 고리로 엮여 있다. 대부분이 비상장기업이어서 기업의 구조에 대해서는 거의 알려진 바가 없다. 한마디로 불투명한 지배구조를 가진 재벌이다. 롯데가 이런 재벌이 되는 데에는 법률과 권력의 비호가 있어서 가능했다.(이는 다른 재벌도 다르지 않다.)

알려진 바에 따르면, 1970년대 초에 박정희 당시 대통령이 신격호 롯데제과 사장을 청와대로 불러 호텔을 지으라고 한 데서 시작되었다고 한다. 그가 일본에서 모은 재산을 모국에 투자하도록 유도하려는 의도였다고 하는데, 과연 그렇게 되었는지는 의문이다. 호텔을 짓는 일과 관련해서 오히려 롯데가 온갖 혜택을 다 받았기 때문이다.

롯데는 우선 외자도입법의 혜택을 받았다. 당시 외자도입법은 부동산 취득세와 재산세, 소득세, 법인세 5년 간 면제와 이후 3년간 절반 감면, 관세와 물품세 영구 면제 등의 혜택을 담고 있었다. 당시 신격호 사장은 한국 국적이었지만 일본에 10년 이상 영주해 외자도입법의 적용을 받을 수 있었다. 롯데호텔 건설을 위해 부동산을 대규모로 취득했지만, 취득세와 재산세 등 세금은 내지 않아도 됐다. 호텔 건설에 쓰인 외국 물품과 주방·가전용품 등을 수입할 때도 관세를 전혀 물지 않았다. '특정지구 개발촉진에 관한 임시조치법'도 이 즈음 마련되어 부동산투기 억제세, 영업세, 등록세도 면제받았다.

이렇게 롯데는 출발부터 권력의 비호를 받으며 법률적으로 갖가지 혜택을 다 받았다. 이 혜택으로 롯데는 수많은 계열사와 10만 명의 직원을 거느린 재벌이 되었으나, 과연 롯데그룹이 누린 혜택과 그로부터 거둔 막대한 이익이 실제로 이 나라와 국민들에게 얼마나 큰 보탬이 되었는지는 의문이다. 롯데그룹이 치중하고 있는 사업의 성격을 보더라도 의문이다. 대부분 소비 및 유통과 관련된 기업이니 말이다.

물론 이런 재벌이 없었더라면 과연 한국이 경제성장을 이룩했을까 하고 반문하는 이들도 적지 않다. 그렇지만, 과연 누구를 위해 왜 경제성장을 하려 했는지 생각해보라. 오로지 특정한 기업인이나 기업을 위해서 법률과 권력이 국민의 세금으로 지원했을 리는 없다. 그러나 권력이 개입하고 법이 비호하는 순간, 실제로는 재벌의 배만 불린 꼴이 되었다. 이런 재벌의 성장이 끼쳤고 또 앞으로도 끼칠 악영향에 대해서는 서두에 인용한 루소의 글을 읽으면서 생각해보라.

재벌은 문벌과 권문세족의 환생

오늘날의 재벌은 고려시대에 백성들 위에 군림했던 문벌귀족(門閥貴族)을 떠오르게 한다. 문벌이란 사회적으로 높은 신분이나 지위를 대대로 이어온 가문을 뜻하는데, 정치적으로는 군주를 위협할 정도로 대단한 위세를 누리는 가문을 뜻하기도 한다. 대체로 고려 전기의 귀족 계층을 두고 일컫는 용어이며, 신라 말의 호족(豪族)들과 육두품 출신의 문인들, 그리고 개국공신들이 주축을 이루었다. 이들은 정치적으로는 음서제(蔭敍制, 공신이나 고위 관료들의 자손들을 관리로 임용하는 제도), 경제적으로는 공음전(公蔭田, 5품 이상 고위 관리들에게 지급한 토지) 등 특권을 누리면서 '그들만의 세상'을 구축해갔다.

문벌귀족들은 서로 혼인을 통해 자기 가문의 세력을 더욱 확장시키려 했다. 특히 왕실과의 혼인이 문벌귀족들에게는 최고의 영예일 뿐만 아니라 정권을 장악하는 지름길이기도 했는데, 왕실이 스스로 이를 허용한 것은 자충수였다. 결국 이를 잘 이용하여 왕실의 외척으로서 정권을 독점하는 명문세족(名門世族)들이 등장하였고, 인주(仁州) 이씨(李氏)가 그 대표적인 가문이었다.

인주 이씨는 문종(文宗, 1046~1083 재위) 때 이자연(李子淵, 1003~1061)이 세 딸을 문종의 후비(后妃)로 보낸 것을 시작으로 인종(仁宗, 1122~1146 재위) 때까지 7대 80여 년 동안 외척으로 크게 세력을 떨쳤다. 그들은 왕실과 중복되는 혼인 관계를 맺어 후비 · 귀인(貴人)을 거의 독점하다시피 했다. 따라서 그 당시의 왕자나 왕녀도 거의 그들의 외손이었다.

인주 이씨들 가운데 이자겸(李資謙, ?~1126)은 특히 막강한 권력을 휘둘렀다. 그의 둘째 딸이 예종(睿宗, 1105~1122 재위)의 비였는데, 예종이 죽은 뒤에는 어린 인종을 즉위시키고 자신의 셋째 딸과 넷째 딸을 인종의 비로 삼았다. 이는 권세를 독차지하고 다른 외척이 생길까 우려해서 저지른 일이었다. 막강한 권세를 가지자 자기 생일을 '인수절(仁壽節)'이라 할 정도였다. 국왕의 자리를 넘본 것이나 다름이 없는 짓이었다. 권력을 탐하는 자였으니, 재물에도 욕심이 많았을 것은 당연하다. 매관매직을 일삼고 뇌물을 받으며 재물을 축적했다.

이렇게 권력을 독점하여 전횡을 일삼던 이자겸은 안하무인이 되어 국왕인 인종까지 능멸하기에 이르렀다. 이에 인종도 분개하여 내심 그를 제거할 계책을 세우게 되었다. 그러한 사정을 알아챈 이자겸은 반란을 일으켜 선수를 쳤다. 그러나 한 패거리였던 척준경(拓俊京)에 의해 제거되고 말았다. 척준경 역시 나중에 귀양을 갔으나, 문벌귀족들은 여전했으므로 고려의 정치와 사회는 결코 안정을 되찾지 못했다.

『한비자』「화씨(和氏)」편에는 춘추시대에 오기(吳起)가 초나라 도왕(悼王)에게 초나라 풍속에 대해 일깨워준 말이 나온다.

"대신들의 권한이 너무 크고, 영지를 받은 귀족들이 너무 많습니다. 이렇게 되면 위로는 군주를 핍박하고 아래로는 백성을 학대합니다. 이는 나라를 가난하게 만들고 군대를 약하게 만드는 길입니다. 영지를 받은 귀족의 자손이라도 3대가 지나면 관작과 녹봉을 거두어들이고, 일반 관리의 녹봉은 끊거나 줄이며, 긴요하지 않은 관직은 줄여서 이것으로 병사들을 잘 뽑아 훈련시키는 것이 낫습니다."

고려는 광종(光宗, 949~975 재위) 때 과거제를 시행했는데, 이는 문신들을 위한 것이었다. 무신을 위한 과거제는 아니었다. 그러니 문신 중심의 관료제 국가가 될 수밖에 없었다. 이에 더하여 문벌귀족들이 득세했으니, 문신들이 무신들을 업신여기는 일이 점점 당연시되었다. 이윽고 업신여기는 것을 넘어 핍박하기까지 하여 무신들의 불만이 고조되었다. 김부식(金富軾)의 아들 김돈중(金敦中)이 정중부(鄭仲夫, 1106~1179)의 수염을 태운 일, 한뢰(韓賴)가 오병수박희(五兵手博戲)를 하는 도중 대장군 이소응(李紹膺)의 빰을 때린 일 등은 모두 문신과 무신을 차별한 데서 비롯된 일로, 결국 무신란으로 이어졌다.

1170년, 무신들이 마침내 무신란을 일으켰다. 이리하여 고려의 백성들은 무신들의 횡포를 겪게 되었고, 몽골의 침입 이후에는 '권문세족(權門勢族)'의 횡포로 말미암아 도탄에 빠졌다. 권문세족은 문벌귀족의 일부와 무신란으로 등장한 가문, 원나라와 관계 속에서 성장한 세력들을 아우르는 용어다. 누이가 원나라 순제(順帝)의 황후가 되면서 번영을 누린 기철(奇轍)의 가문은 대표적인 권문세족이다. 권문세족은 우월한 정치적 지위를 이용하여 백성들의 토지를 함부로 빼앗고 가난한 백성들을 노비로 삼아 거대한 농장을 경영했다. 그리하여 조세를 부담해야 할 백성들이 줄면서 국가의 조세 수입도 감소하여 나라의 재정은 매우 궁핍해졌으니, 한비가 「궤사(詭使)」에서 말한 일이 벌어졌다.

"세금을 착실히 거두고 백성의 힘을 하나로 모으는 것은 국난에 대비하고 재정을 튼튼히 하기 위해서인데도 병사들이 일을 피해 몸을 숨기고 세도가에 빌붙어서 부역을 회피하여 잡으려 해도 잡히지 않는 자가 수만 명에 이른다. 기름진 전답과 좋은 집을 포상으로 내건 것은 병사들이 열심히 싸우게 하려는 것인데도 머리가 잘리고 배가 찢겨 해골이 들판에 버려진 자는 몸 둘 곳이 없고 그나마 있던 전답조차 빼앗긴다. 반면에 어여쁜 딸과 누이를 둔 대신과 군주의 측근은 아무런 공이 없음에도 좋은 집을 골라서 받고 기름진 밭을 가려서 먹고 산다."

재벌개혁 없이는 강국도 없다

고려는 왕실이 문벌귀족들을 제대로 통제하지 못하여 무신란을 부추겼고, 무신들 또한 서로 다투며 피바람을 일으켰다. 이어 최충헌(崔忠獻, 1149~1219) 일가가 정권을 잡아 60여 년 동안 전횡을 일삼았으니, 고려는 더 이상 군주의 나라도 백성들의 나라도 아니었다. 몽골의 침입을 받고 원나라의 지배를 받으면서 등장한 권문세족들이 다시 횡포를 저지르며 백성들을 도탄에 빠뜨렸기 때문이다.

고려 때 문벌귀족이나 권문세족이 한 일을 오늘날에는 재벌이 하고 있다. 원래 이윤을 창출하여 사적인 소유를 늘이려는 것이 기업이다. 기업 가운데서도 법과 정치의 비호를 받으면서 국민들 위에 군림하게 된 것이 재벌이다. 이런 기업이나 재벌은 국가의 공공 이익 또는 국민의 복리 증진을 목적으로 하는 정치와 쉽게 양립할 수 없다. 오히려 모순 관계에 있다고 보는 것이 정확하다. 그럼에도 재벌이나 재벌을 옹호하는 이들은 재벌의 이익이 곧 국가와 국민의 이익이라고 하는데, 이는 어불성설이다.

2015년 8월 6일, 대통령은 대국민담화에서 "노동개혁 없이는 청년들의 절망도 비정규직 근로자의 고통도 해결할 수 없다"고 했으나, 이는 본말과 선후가 전도된 것이다. 이는 시대착오적인 인식에서 기인한다.

개혁 대상은 재벌인데 말이다.

"이 글에서 또 실제로 모든 경우에 법률과 정치권력은 빈자들을 억압하고, 그렇게 하지 않는다면 빈자들의 공격을 받아 곧 무너져버릴 재화의 불평등성을 자기들 뜻대로 유지하고자 하는 부자들의 결사체라 간주하고 있다. 빈자들은 정치권력의 방해가 없다면, 공공연한 폭력으로 부자들을 자신들과 같은 평등한 처지로 낮춰버릴 것이다." — 애덤 스미스, 『법체계에 관한 강연』

22

강자의 외교와 약자의 외교

제나라가 송나라를 치자, 송나라에서는 장손자(臧孫子)를 남쪽 초나라에 보내 구원을 요청했다. 초나라 군주가 아주 기뻐하며 기꺼이 구원해 주겠다고 하고는 그를 매우 환대했다. 장손자가 걱정하면서 돌아오니, 그의 시자가 물었다.

"구원을 요청하러 갔다가 뜻을 이루었는데도 이제 걱정을 하고 계시니, 무슨 까닭입니까?"

장손자가 대답했다.

"송나라는 작고 제나라는 크다. 작은 송나라를 구하려다가는 큰 제나라에 미움을 살 것이다. 이는 대개의 사람이 걱정하는 일인데도 초나라 왕은 기뻐했으니, 이는 반드시 우리의 방비를 견고하게 하려는 것이다.

우리가 방비를 견고하게 하면 제나라가 우리를 치다가 피폐해질 테니, 그러면 초나라만 이롭게 된다."

장손자가 돌아온 뒤에 제나라가 송나라의 다섯 성을 함락시켰는데, 초나라의 구원군은 끝내 오지 않았다. —「설림 상」

강자의 외교, 원교근공

2015년 7월 말, 김무성 새누리당 대표가 8일간 미국을 방문했다가 한국전 참전용사들 앞에서 큰절을 올렸다고 화제가 되었다. 과례(過禮)니 사대주의니 하는 비판도 있지만, 그것은 그다지 문제가 되지 않는다. 그보다는 한국 특파원들 앞에서 "우리는 중국보다 미국이다"라면서 미국을 '대체 불가능한 동맹'이라고 한 발언이 참으로 문제다. 이는 일국의 여당 대표로서 외교의 기본을 망각한 망발이나 다름이 없기 때문이다. 역사적으로나 지정학적으로나 중국이 얼마나 가까운 곳에 있는 강대국인지 몰랐을까, 아니면 딴 속셈이 있어서였을까?

김무성 대표는 스스로 한미동맹을 강화하는 성과를 거두었다고 말했고, 귀국하면서는 정당외교를 충실하게 잘했다고 자평했다. 이야말로 자화자찬 외교의 한 전형인데, 과연 국익이라고 할 만한 구체적인 성과가 있었는가? 대권을 노릴 속셈으로 '미국의 호의'라는 사사로운 이익을 챙겼는지는 모르겠지만, 그랬다면 이야말로 경계해야 할 일이다. 한비는 이런 자를 '간사한 신하'라 했다.

"간사한 신하는 적국의 군대를 불러들여 나라 안의 경쟁자를 제거하려

하고, 나라 밖의 일을 들어서 군주(국민)를 현혹시킨다. 참으로 사사로운 이익을 얻으려 하면서 나라의 우환에 대해서는 돌아보지도 않는다."
—「내저설 하」

또 한비는 신하가 간사한 짓을 이루는 방법 가운데 하나로 '사방(四方)'을 거론했다. 이 방법으로 군주의 눈과 귀를 가리고 협박하여 제 이익을 꾀하는데, 내용은 이렇다.

"무엇을 '사방'이라 하는가? 군주는 나라가 작으면 큰 나라를 섬기고, 군사력이 약하면 군사력이 강한 나라를 두려워한다. 큰 나라가 요구하는 게 있으면 작은 나라는 반드시 들어주고, 군사력이 강한 나라가 밀어붙이면 군사력이 약한 나라는 반드시 굴복한다. 신하들은 세금을 무겁게 거두고 국고를 다 기울여 나라의 재정을 텅 비게 하면서 큰 나라를 섬기고는 그 위세를 이용하여 군주를 제 마음대로 이끌려고 한다. 심하게는 큰 나라의 군대를 변경까지 불러들여 나라 안을 제압하고, 약하게는 큰 나라의 사신을 자주 맞아들여 군주의 마음을 뒤흔들며 두려움에 떨게 한다. 이를 '사방'이라 한다." —「팔간(八姦)」

여기서 외교에 관해 짚고 넘어가야 할 것이 있다. "중국보다 미국이다"라고 한 발언이다. 이 발언에 동조하는 이들도 적지 않으리라 생각된다. 그렇기 때문에 더욱 간과할 수 없다. 그것은 한국의 상황을 정치와 군사, 외교, 지리 등 여러 측면에서 냉철하게 살피지 않고 고작 미국을 무조건 믿을 수 있는 우방으로 여기고 기대려는 심리에서 나온 그릇된 판단이기 때문이다.

전국시대부터 알려진 외교 방략에 '원교근공(遠交近攻)'이라는 것이 있다. 『삼십육계(三十六計)』의 제23이 '원교근공'인데, 거기에 "원교근공의 계책은 멀리 떨어진 나라와 동맹을 맺고 이웃한 나라를 치는 것을 말한다. 지세의 제한을 받을 때는 이웃한 적을 먼저 공격하는 게 유리하고, 멀리 떨어진 적을 치는 것은 불리하다"고 나와 있다. 그러나 이는 강대국의 입장에서 취할 외교 방략이지, 약소국은 감히 생각조차 할 수 없는 방략이다. 약소국이 이런 방략을 취했다가는 패망을 자초하게 된다.

전국시대 진(秦)나라는 효공(孝公) 때 상앙을 기용하여 변법을 실행함으로써 제국의 토대를 다졌다. 이어 효공의 손자인 소양왕(昭襄王)은 범수(范雎)를 발탁하여 커다란 외교적 성과를 거두면서 다른 제후국들을 제압했는데, 이때 범수가 주장한 것이 원교근공이었다.

"가까이 있는 한(韓)·위(魏) 두 나라는 중원에 위치해 있어 천하의 중추라고 할 만합니다. 대왕이 패업을 이루고자 하신다면 먼저 이들 두 나라를 쳐서 중추로 삼은 뒤에 초(楚)나라와 조(趙)나라를 제압해야 합니다. 조나라가 강해지면 초나라가 가까이 다가올 것이고, 초나라가 강해지면 조나라가 다가올 것입니다. 조·초 두 나라가 다가오면 제(齊)나라는 틀림없이 진나라를 두려워할 것입니다. 제나라가 두려워하며 진나라를 섬기면 한·위 두 나라는 이내 무력해지고, 천하의 중추를 쉽게 손에 넣을 수 있습니다."

이 계책은 소양왕 이후에도 계속 채택하여 진시황이 천하를 통일하는 데까지 이어졌다. 반면에 진나라에 이웃해 있던 약소국 한나라는 가장 먼저 공격을 받아서 멸망했다. 이렇게 보면, 원교근공은 결코 약소국이 채택할 수 있는 방략이 아니다. 가까이 있는 대국인 중국을 간과한 채 바다 너머의 미국에 함부로 눈짓을 보내는 자라면, 이런 외교적 책략에 대해 일말의 지식조차 없는 것이나 진배없다. 그런 자가 어찌 한 나라의 정치를 책임질 수 있겠는가? 정치를 망치지나 않으면 다행인데, 이미 보여준 언행들을 보면 걱정스럽기만 하다.

내치 없는 외교의 비극, 이준

조선시대 중기의 뛰어난 문장가이자 학자로서 명나라를 대상으로 한 외교문서도 작성했던 신흠(申欽, 1566~1628)이 쓴 글에 「비왜설(備倭說)」이 있다. "일본에 대해 대비해야 한다"는 뜻으로 쓴 글인데, 아래는 그 가운데 일부다.

"임진년의 병화(兵禍)를 교훈으로 삼을 만한데 삼지 않고 있으니, 만약에 다급한 상황이라도 벌어진다면 그나마 임진년처럼 해보려고 해도 안 될 것이다. 그런데 위아래 모두가 멍하니 각성하지 못하고 있으니 내 또 무슨 이유인지 모르겠다. … 그러므로 이를 개혁하지 않으면 우리나라가 필시 왜인의 화를 다시 입게 될 것이다. 개혁의 방안은 다른 데에서 찾을 것이 아니라 오직 뇌물을 바치는 장수를 기용하지 않으면 되고, 권력이 있는 자에게 맡기지 않으면 되고, 총애를 받는 사람에게 위임하지 않으면 된다. … 그러므로 옛날 정치에 대해 말한 자들은 외침을 물리치는 방안에 대해 거론할 때는 반드시 국내의 정치를 잘해야 한다고 말했다."

임진왜란과 병자호란을 겪은 뒤에도 조선의 지배층은 붕당 정치에만 열을 올리다가 국내 정치를 더욱 혼란에 빠뜨렸다. 임진왜란 직후 도쿠가와 이에야스(德川家康)가 스스로 몸을 낮추어 조선과 관계 개선을 위해 노력한 뒤로 재개된 조선통신사의 왕래를 통해서도 일본 국내의 변화를 충분히 파악하지 못했다. 한양에서 에도(江戶)까지 두 나라의 주요한 길을 따라 가는 사행(使行)은 일본에 관한 정보를 두루 얻기 위한 최상의 과정이었다. 그럼에도 통신사들이 문화적 우월감으로 일본을 바라본 탓에 그들의 실상을 꿰뚫어보는 데 실패했던 것이다. 그리하여 19세기에 일본이 교린(交隣) 정책에서 정한론(征韓論)으로 전환하게 되리라는 것도 전혀 예상하지 못했다. 그 결과 1905년에 강제로 일본과 을사조약, 아니 을사늑약을 맺는 지경에 이르렀다.

을사늑약으로 대한제국은 일본의 보호국, 사실상 식민지로 전락했다. 당연히 이에 대한 반대 투쟁이 일어났다. 민영환(閔泳煥), 조병세(趙秉世), 홍만식(洪萬植), 이상철(李相哲), 김봉학(金奉學) 등은 을사늑약 체결에 죽음으로 항거했고, 민종식(閔宗植), 최익현(崔益鉉), 신돌석(申乭石), 유인석(柳麟錫) 등은 일본에 저항하는 의병(義兵)을 일으켰다. 이와 아울러 을사늑약이 강압에 의한 것임을 알리기 위한 외교적인 노력도 있었다.

1907년, 네덜란드 헤이그에서 제2회 만국평화회의가 개최된다는 소식을 들은 전덕기(全德基), 이동휘(李東輝) 등은 밀사를 파견하여 을사늑약이 일본의 협박에 의해 강제로 체결된 것임을 전 세계에 알리기로 계획을 세웠다. 그리하여 고종에게 신임장을 받아 이상설(李相卨)·이

위종(李瑋鍾)과 함께 이준(李儁, 1859~1907)을 특사로 정했다.

이준은 고종의 신임장을 들고 만주의 이상설, 러시아의 이위종과 차례로 합류하여 헤이그로 향했다. 그러나 영일 동맹을 맺은 영국과 일본 대표들의 노골적인 방해로 일은 뜻대로 이루어지지 못했다.(일본 쪽에서 보면, 이것이 바로 원교근공이다. 멀리 있는 유럽의 열강과 동맹을 맺고 가까운 한국을 침략했으니 말이다.) 각국의 대표들과 언론들에 온갖 노력을 다해 호소했음에도 결국 공감을 얻지 못했다. 이준은 울분을 못 이겨 애통해하다가 그곳에서 숨을 거두었다. 그리고 이 사건으로 고종은 폐위되고 순종이 즉위했다. 이 모두 한비가 일러준 외교의 기본 원칙을 저버린 탓이다.

> "현명한 군주는 나라 안을 견고하게 하므로 나라 밖에서 실패하지 않는다. 가까운 데서 실책을 저지르고도 먼 데서 낭패를 보지 않는 일은 없다. 그래서 주(周)나라가 은(殷)나라를 빼앗는 일이 뜰에 떨어진 물건을 줍는 것처럼 쉬웠다. 만약 은나라가 조정에서 할 일을 내버려두지 않았다면 어찌 주나라가 털끝만치라도 땅을 넘볼 수 있었을 것이며, 하물며 천자의 자리를 바꿀 수 있었겠는가?" —「안위(安危)」

강국에 기대는 건 외교가 아니다

헤이그 밀사 사건은 당시 동아시아의 강국으로 떠오른 일본의 원교근공과 대한제국의 실패한 내치 및 때늦은 외교를 전형적으로 보여준다. 게다가 국제 사회에 호소를 하면 통할 것으로 여긴 순진한 외교 태도 또한 문제였다. 외교란 나라와 나라 사이의 쌍방 관계다. 상대를 알아야 비로소 국익에 보탬이 되는 외교 관계를 맺을 수 있다. 하물며 다른 나라에 일방적으로 기대는 것을 어찌 외교라 할 수 있겠는가.

한국인들은 대부분 미국을 동맹국으로 또 우방으로 믿고 의지하는 것을 당연하게 여기고 있다. 그러나 이는 미국의 속셈, 그 외교적 책략을 알지 못한 데서 비롯된 것이다. 미국이 한국을 위한다고 표방하지만, 과연 실제로 그러한가? 20세기 미국의 대외정책을 살펴보면, 참으로 다른 나라를 위해 한 일은 거의 없다. 대부분 제국주의적 행태를 보여주는 것이었을 뿐이다.

1898년에 쿠바와 푸에르토리코의 지배권을 장악하고, 1903년에는 파나마운하 지대를 강탈하고, 1900년대 초에는 온두라스 · 니카라과 · 파나마 · 과테말라 등지에 해군을 파견하고, 1914년에는 멕시코의 도시를 폭격하고, 1915년과 1916년에는 아이티와 도미니카 공화국을 군사적으로 점령하고 오랫동안 강점했다. 또 2차 세계대전이 끝난 뒤에는 줄곧 비민주적인 정권, 더없이 사악한 독재 정권들을 지원해왔다. 쿠바의 바티스타 정권, 니카라과의 소모사 정권, 과테말라의 아르마 정권, 칠레의 피노체트 정권, 아이티의 뒤발리에 정권 등을 밀어주었다. 이 모두 미국의 이익을 위해서였고, 그 나라의 국민들을 위한 것이 아니었다. 이것이 우리가 믿고 의지하려는 동맹국(?) 미국의 진정한 모습이다.

전 세계의 약소국들에서 왜 '반미제국주의'의 구호를 그토록 질기게 외치고 있을까? 국가 간의 관계란 냉철하게 보자면 동상이몽(同床異夢)일 수밖에 없다. 속에 칼을 품고서 겉으로는 웃으며 악수하는, 이른바 소리장도(笑裏藏刀)의 계책이 난무하는 것이 외교다. 미군이 한국 정부 몰래 탄저균을 밀반입한 사건을 보라. 그리고 아베 총리가 이끄는 일본 내각이 군사대국화를 위해 안보법률 제정 · 개정안을 통과시키려고 필사적으로 애쓸 때, 미국은 이에 동조하며 적극 옹호했다. 강대국 미국의 외교도 결국 자국의 이익을 추구한다. 자국의 이익을 꾀하는 제국주의적 패권을 지속하려는 나라, 그런 나라일 뿐임을 잊어서는 안 된다. 그러니 그런 나라에 기대는 것이 어찌 외교일 것이며, 그렇게 해서 진정한 독립 국가가 되어 제국을 이룰 수 있겠는가?

노나라 정공(定公)이 여러 공자들 가운데 어떤 공자는 진(晉)나라로, 어떤 공자는 초나라로 가서 벼슬하게 했다. (이는 유사시에 구원을 요청하려는 의도에 따른 것이다.) 제나라의 여서(犁鉏)가 노나라에 왔다가 이렇게 말했다.

"어떤 사람이 월나라에서 사람을 불러와 물에 빠진 아이를 구한다고 합시다. 월나라 사람이 비록 헤엄을 잘 친다고 하더라도 물에 빠진 아이를 결코 살리지 못합니다. 불이 났을 때 바다에서 물을 끌어오려고 하면 바닷물이 아무리 많다고 하더라도 불을 결코 끄지 못합니다. 먼 곳의 물로는 가까운 불을 끄지 못하기 때문입니다. 이제 진나라와 초나라가 아무리 강국이라고 하더라도 제나라가 가까이 있으니, 노나라의 환난을 구해줄 수 있겠습니까?" —「설림 상」

23

누구에게 대권을 물려줄 것인가

“무릇 사람이 무거운 형벌을 받는 것은 이미 재화가 넉넉해진 뒤의 일이다. 비록 쓸 재물이 넉넉하고 두터운 사랑을 베풀더라도 형벌을 가볍게 하면 오히려 어지러워진다. 부잣집에서 사랑을 받은 자식은 재화를 넉넉하게 쓰고, 재화를 넉넉하게 쓰면 가볍게 함부로 쓰며, 가볍게 함부로 쓰면 사치가 심해진다. 지나치게 사랑하면 참을성이 없어지고, 참을성이 없어지면 교만하고 방자해진다. 사치가 심해지면 집안이 가난해지고, 교만하고 방자하면 난폭한 짓을 한다. 이는 비록 쓸 재물이 넉넉하고 사랑이 두텁더라도 형벌을 가벼이 한 데서 비롯된 우환이다.” —「육반(六反)」

후계자의 조건은 혈연인가

2014년 12월부터 대한항공은 꽤 오랫동안 국민들의 지대한 관심(?)을 받아왔다. 그리고 2015년 5월 22일, 관심의 꼬투리가 된 '땅콩회항 사건'으로 온 나라를 떠들썩하게 하고 또 전 세계인들로부터 비웃음을 산 대한항공 조현아 부사장이 징역 10월에 집행유예 2년을 선고받고 석방되었다. 당시 이 판결에 대해 '유전무죄, 무전유죄'니 '유전집유, 무전복역'(돈이 있으면 집행유예, 돈이 없으면 복역)이니 하면서 사법체계를 비난하고 조롱하는 이들이 적지 않았다. 그런데 그 동안 불법이나 비리를 저지른 재벌 총수들이나 이 '땅콩회항 사건'의 주인공이 보여준 행태를 보면 한국의 재벌가에서는 도대체 자식을 어떻게 교육시켰는지 의문이 든다.(다들 짐작하고는 있겠지만.)

'땅콩회항 사건'은 미국 현지시간으로 2014년 12월 5일, 뉴욕발 인천행 여객기를 탄 조현아 부사장이 일등 기내식 서비스로 제공되는 견과류를 승무원이 봉지째 가져왔다고 해서 이를 문제 삼으며 그 자리에서 막말을 하고 사무장을 질책하다가 이윽고 사무장을 비행기에서 내리라고 고함치며 램프리턴(출발을 앞둔 항공기가 다시 돌아와 승객을 내리게 하는 것으로, 비상시에 기장의 지시에 따라 이루어진다)을 한 일이다. 비록 자신이 부사장이지만 이미 승객들을 태우고 이륙을 앞둔 항공기에서 승무원과 사무장에게 성내며 질책하고 또 안전과 원칙을 무시한 채 램프리턴을 하게 한 일은 결코 간과할 수 없는 큰 잘못이다. 더구나 나중에 거짓 주장을 한 것이 드러나기도 했으니, 이 정도면 경영자로서 자질이나 능력을 의심할 수밖에 없다.

조현아 부사장은 미국에서 대학과 대학원을 마친 뒤에 곧바로 대한

항공 호텔면세사업부에 입사했고, 10년도 채 되지 않아서 전무를 거치고 부사장이 되었다. 다른 기업에서 근무한 적은 없고, 오로지 대한항공에서만 근무했다. 과연 자질과 능력이 충분해서 고속 승진을 했는가? 역시 자질과 능력이 의심스런 그 동생 조현민도 29세에 임원이 된 것을 보면, 능력을 검증받은 것보다 조양호 회장의 딸이라는 혈연 덕분이라고 보는 것이 적절하다. 그렇다면 대개의 재벌 총수들이 그렇듯이 조양호 회장도 기업을 개인 소유로 여기고 있음이 분명한데, 이것으로도 공개된 기업의 경영자로서는 결격이라고 할 수 있다. 이에 더하여 자식을 경영자가 될 만한 인물로 제대로 키우지도 못한 채 능력이 부족함에도 딸이라는 것 때문에 임원으로 두었다는 것도 경영자로서는 결격이다.

현명한 군주의 일은 지혜로운 신하가 온 힘을 다해 일을 꾀하도록 하고 이를 근거로 일을 판단하는 것이다. 그래서 군주는 지혜에서 막히는 일이 없다. 현명한 신하가 자신의 재주를 다 드러내도록 하여 이를 근거로 일을 맡긴다. 그래서 군주는 능력에서 막히는 일이 없다. 또 공적이 있으면 군주가 현명하다고 일컬어지고 허물이 있으면 신하가 책임을 지므로 군주는 명성이 깎이는 일이 없다. 이렇게 되면 군주는 현명하게 굴지 않아도 현명한 신하의 스승이 되고, 지혜를 쓰지 않아도 지혜로운 자의 우두머리가 된다. 힘쓰는 일은 신하가 하지만 이루어진 일은 군주의 몫이 되니, 이를 일러 현명한 군주의 길이라 한다. —「주도(主道)」

일이 벌어진 뒤에도 조양호 회장은 경영자다운 모습을 전혀 보여주지 못했다. 땅콩회항 사건이 있은 뒤에 곧바로 사태를 파악하여 잘잘못을 따지고 그 자신이 나서서 일을 처리해야 했으나, 그러지를 못했다. 경영진들이 객실 승무원들에게 책임을 전가하여 조종사 노조의 반발을 산 뒤에야 부랴부랴 사과문을 발표했을 뿐이다.

또 2015년 시무식에서 '경계 없는 소통'과 '기업문화 쇄신'이라는 혁신안을 발표하여 전화위복을 꾀했으나, 2015년 내내 조종사들이 불만을 토로하고 이탈함으로써 미봉책에 불과했음이 입증되었다. 애초부터 혁신할 의지도 능력도 없었던 것이나 마찬가지다. 이 정도면 경영자로서 한계에 다다랐다고 해도 과언은 아니다.(어쩌면 애초부터 경영자로서 능력이 부족했는지도 모른다.) 퇴사를 앞둔 한 부기장이 사내 게시판에서 토로한 글에도 그 점이 잘 드러나 있다.

"지금 회장님께 보고하는 사장님, 여러 본부장님, 상무님, 전무들은 회장님의 귀를 막고 있습니다. … 지금 회장님 곁에는 듣기 좋고 달콤한 말만 하는 아첨꾼, 탐관오리 같은 이들만 남아 있습니다. … 대한항공에는 충신들이 없습니다. 이것은 회장님의 잘못입니다."

군주가 현명하지 못하면 통치의 원칙을 세우지 않고 제 기분대로 다스린다. 통치의 원칙은 객관적으로 드러나는 것인데, 그 원칙이 없다면 신하들도 공명정대하게 일을 처리하지 않는다. 특히 간사한 신하들은 군주의 심기를 읽고 사사로운 이익을 꾀한다. 조양호 회장의 경영에는 바로 그런 원칙이 결여되어 있고, 그러다 보니 아첨꾼 같은 자들이 주위를 에워싸게 된 것이다. 경영진이 '땅콩회항 사건'이 일어났을 때 사태를 제대로 파악하여 일처리를 하려고 하지 않고 무마하기에 급급했던 이유도 여기에 있다. 올바른 직원이나 현명한 참모가 전혀 없지 않았을 것이나, 그들을 멀리했으리라.

"군주가 법도를 장악하는 것은 살리고 죽이는 권리를 마음대로 쓰기 위해서인데도 법도를 지키는 선비가 충성으로써 군주를 만나려고 해도 만나지 못하고, 교묘한 말과 간사한 짓으로 요행을 바라는 자들만 군주를 자주 만나고 있다. 법도에 의거하여 말을 곧게 하고 그 말과 실적이 합당한지 살피며 법규에 따라 간사한 자를 처벌하는 것은 군주가 나라를 다스리는 바탕인데도 그것을 더욱 멀리하고, 아첨을 일삼고 군주의 뜻을 따르는 척하면서 제 바라는 대로 하여 세상을 위태롭게 만드는 자가 가까이에서 모시고 있다." —「궤사(詭使)」

발렌베리 가문의 후계자 선정

스웨덴에도 한국의 재벌 못지않은 거대한 가족 기업이 있다. 스웨덴 주식시장 시가총액의 약 40%, 국내총생산의 약 30%를 차지하는 열네 개 대기업을 거느린 발렌베리 가문(Wallenberg Family)이다. 이 가문은 150년 넘게 5대에 걸쳐 경영권을 세습했는데, 언뜻 보면 한국의 재벌과 다를 게 없어 보인다. 그러나 실상은 사뭇 다르다. 한국의 재벌처럼 비난을 받거나 손가락질 당하지 않을 뿐 아니라 오히려 스웨덴 국민들로부터 매우 존경받고 있다.

발렌베리 가문도 경영권을 세습하지만, 거기에는 엄정한 원칙이 있다. 마르쿠스 발렌베리 시니어(Marcus Wallenberg Sr., 1864~1943)는 "우리는 가족 기업이다. 가족 경영은 변함없이 지켜내야 한다. 단, 경영에 적합한 사람이 있는 경우에 한한다"라고 말했다. 그리하여 발렌베리 가문의 후계자가 되려면 엄격한 과정을 거쳐 스스로 자신의 능력을 입증해야만 한다.

첫째, 혼자 힘으로 명문대를 졸업해야 한다.

둘째, 해군사관학교에 입학해 강인한 정신력을 길러야 한다.

셋째, 부모의 도움 없이 세계적인 금융 중심지에 진출해서 실무 경험을 쌓고 국제 금융의 흐름을 익혀야 한다.

10년이 넘게 걸리는 이 과정을 오로지 혼자 힘으로 해내야만 비로소 후계자 자격을 얻는다. 그리고 이 원칙에 따라 두 명의 후계자를 선정하는데, 그것은 견제와 균형을 위해서라고 한다. 당연히 견제와 균형은 독단과 독재를 방지하기 위함이다. 기나긴 역사 속에서 명멸해간 왕조들을 보라. 대부분의 왕조는 창업한 때로부터 불과 백여 년도 지나지 않아서 내리막길로 치달았다. 가령 수(隋) 왕조는 문제(文帝, 581~604 재위)가 400여 년의 혼란기를 종식시키고 창업했음에도 곧바로 양제(煬帝, 604~618 재위)가 폭정으로 멸망시켰다. 이처럼 우둔한 군주나 포악한 군주가 나오면 반드시 전횡을 일삼기 마련이고 또 뛰어난 군주가 연이어서 나오는 일이 참으로 드물기 때문에 황태자나 세자를 어려서부터 철저하게 교육을 시키며 제왕학을 가르쳤던 것이다. 발렌베리 가문도 그 점을 잘 인지하고 있었기 때문에 후계자 선정 과정에서부터 엄격한 원칙을 세웠고, 마지막에 후계자를 선정할 때도 두 명으로 한 것이다.

"나라를 평안하게 하는 방법은 다음과 같다. 첫째는 상과 벌을 옳고 그름에 따라 내리는 것이고, 둘째는 화와 복을 잘했느냐 못했느냐에 따라 내리는 것이며, 셋째는 죽이고 살리는 일을 법도에 따라 결정하는 것이고, 넷째는 현명한지 모자란지를 판단할 때 사사로운 애정과 미움에 따르지 않는 것이며, 다섯째는 어리석음과 지혜로움을 가릴 때 세상의 비방이나 칭찬에 따르지 않는 것이고, 여섯째는 객관적인 기준이 있어서 맘대로 헤아리지 않는 것이며, 일곱째는 믿음을 주어서 속이지 않는 것이다." —「안위」

발렌베리 가문은 후계자 선정에서만 원칙을 세워두지 않았다. 기업으로서 어떻게 존재해야 하는가에 대한 또 다른 원칙들이 있다. 비록 가족 기업이지만, 반드시 노조 대표를 이사회에 중용한다. 아마도 가족 기업의 특성상 경영자가 독단적으로 일을 처리할 수도 있기 때문에 이를 견제하기 위한 것으로 여겨진다. 또 "기업의 생존 토대는 사회다"라는 모토에 입각해서 이익의 85%를 사회에 환원하여 대학, 도서관, 박물관 건립 등 공공사업에 투자한다. 그런 까닭에 수많은 대기업을 거느리고 막강한 영향력을 발휘하면서도 어떤 후계자도 세계 1,000대 부자에 이름을 올린 적이 없다. 고작 몇 퍼센트의 지분만으로 수십 개의 대기업들을 거느린 그룹의 경영자가 되어 불법과 부정을 저지르는 한국의 재벌 경영자들과는 판이하다.

혈연에 미련을 두면 모두 죽는다

'알랑거리는 신하는 오로지 성스러운 왕이라야 알아본다. 그러나 어지럽히는 군주는 그런 자를 가까이하므로 끝내 제 몸은 죽고 나라는 망한다'고 한다. 성스러운 왕과 현명한 군주는 그렇지 않으니, 안으로 친족이라도 뛰어나기만 하면 피하지 않고 기용하고 밖으로는 원수라도 뛰어나기만 하면 피하지 않고 등용한다. 옳다 싶으면 기꺼이 기용하고, 그르다 싶으면 매섭게 내친다. 이리하여 현량한 선비는 순조롭게 나아가고, 간사한 자는 막혀서 물러난다. 그래서 한 번 인재를 기용하는 것으로도 제후들을 복종시킬 수 있다." —「설의」

한비가 비록 '군주를 위한 통치론'을 펼쳤지만, 결코 군주 개인을 위해서가 아니었다. 사사로이 이익을 꾀하는 신하들이 나라를 어지럽히고 백성들에게 횡포를 저지르지 않도록 하려는 데에 목적이 있었다. 군주가 곧 사직이고 나라였던 시대에도 군주는 백성들을 위해야 했다. 오늘날 한국의 대기업이나 재벌 총수들도 이를 결코 잊지 말아야 하는데, 불행하게도 그렇지 못해서 제 마음에 드는 자를 주위에 포진시켜 경영을 그르치거나 후계자 양성에서도 실패한 꼴을 자주 보여주고 있다. 그래도 늦지 않다. 얼마든지 바로잡을 수 있다. 뼈를 깎는 고통을 감내한다면 말이다.

"예부터 '정치는 머리를 감는 것과 같아서 머리칼이 빠지더라도 반드시 감아야 한다'는 말이 전한다. 머리칼이 빠지는 것이 아까워서 고운 머리칼이 자라는 이익을 잊는 것은 저울질할 줄 모르는 것이다. 무릇 종기를 도려내면 아프고, 약을 먹으면 쓰다. 입에 쓰고 아프다고 해서 종기를 도려내지 않고 약을 먹지 않으면, 몸을 되살리지 못하고 병도 고치지 못한다." —「육반」

24

상대를 읽고 나를 숨기는 것이 외교다

"현명한 군주가 힘써야 할 것은 주도면밀함이다. 군주가 기뻐하는 낯빛을 드러내면 군주의 은덕을 신하가 자기 것으로 삼고, 성내는 낯빛을 드러내면 군주의 권위를 신하가 나누어 갖는다. 그러므로 현명한 군주는 말을 막아서 새나가지 않도록 하고, 주도면밀하게 행동하여 속내가 드러나지 않도록 한다." —「팔경(八經)」

한비의 말처럼 군주와 신하는 서로 이익을 달리한다. 물론 현명한 신하가 있어 참된 마음으로 군주를 섬기고 사사로운 이익을 꾀하지 않으면서 백성들을 위해 일하는 경우도 있으나, 대개의 신하들은 자신과 가문을 위해 벼슬을 바라고 잇속을 챙긴다. 군주는 바로 그런 신하들을 잘 가려내서 멀리하거나 내쳐야만 자신의 사직과 백성들을 평안하게 다스릴 수 있다. 그러나 군주도 사람인지라 유능하지만 간사한 신하에게 자칫 휘둘릴 수 있으므로 제 속내를 결코 드러내지 않도록 또 은밀하게 한 말이 새나가지 않도록 매사에 신중해야 한다.

그런데 이렇게 함부로 낯빛을 드러내지 않도록 하고 말이 새나가지 않도록 주도면밀하게 해야 하는 이는 꼭 군주만이 아니다. 신하의 입장에서도 마찬가지다. 군주의 역린(逆鱗)을 건드리지 않도록 제 감정이나 생각을 함부로 드러내지 않고 또 말을 삼가야만 한다. 불세출의 역사가인 사마천이 치욕스런 궁형(宮刑)을 당한 것도 바로 그 점을 간과했기 때문이다. 또한 주도면밀함은 외교적으로 민감한 일을 처리해야 하는 외교관에게도 더없이 긴요한 마음가짐이고 태도다.

고려, 거란과 전쟁이냐 외교냐

중요한 문제로 서로 마주했을 때, 먼저 상대의 의중을 읽어내야 한다. 『손자병법』의 "상대를 알고 나를 알면, 백 번을 싸워도 위태롭지 않다"(知彼知己, 百戰不殆)라는 말도 그런 맥락에서 이해해야 한다. 상대를 알고 그 속내를 읽었더라도 내가 알고 있다는 사실을 결코 내비쳐서는 안 된다. 상대 또한 내 의중을 읽으려 하기 때문에 나 자신은 어떠한 속내도 드러내지 않고 철저하게 숨겨야만 한다. 그래야 자신이 바라는 바를 상대에게서 얻어내거나 상대를 제압할 수 있는 기회를 포착할 수 있다. 흔히 외교를 총성 없는 전쟁이라 하는 이유도 여기에 있다.

918년에 고려를 건국한 왕건(王建, 877~943)은 천신만고 끝에 후백제를 제압하고 후삼국을 통일했다. 936년의 일이다. 그러나 고려가 후삼국을 통일했다고 해서 태평한 시절이 곧바로 도래한 것은 아니다. 당시는 동아시아 전체가 전환기의 진통을 겪고 있었다. 중국에서는 907년에 당나라가 멸망하고 황하 유역을 중심으로 다섯 개의 왕조가 번갈아 들어서고 또 그 밖의 지방에서도 군소 정권들이 지배하던 오대십국(五代十國) 시대가 펼쳐지고 있었다. 오대는 후량(後梁) · 후당(後唐) · 후진(後晉) · 후한(後漢) · 후주(後周) 등 다섯 왕조고, 십대는 오(吳) · 남당(南唐) · 오월(吳越) · 민(閩) · 형남(荊南) · 초(楚) · 남한(南漢) · 전촉(前蜀) · 후촉(後蜀) · 북한(北漢) 등이다.

이렇게 중원에서 혼란과 격변이 일자, 이 틈을 타서 북방에서는 거란이 발해를 멸망시키며 급속히 강대해지고 있었다. 거란은 후당에 반역한 후진의 건국을 도와준 대가로 연운(燕雲) 16주(州)를 할양받았는데, 이로써 장성(長城) 안에 그들의 교두보를 확보할 수 있었다. 연운 지역의 풍부한 인적 자원과 농지는 유목부족인 거란이 제국의 길로 나아갈 수 있는 밑거름이기도 했다. 곧이어 거란은 후진까지 멸망시켜 하북(河北)을 점령하기에 이르렀다.

고려는 거란이 발해를 멸망시켰다는 이유로 적대시하는 정책을 폈다. 왕건이 국호를 '고려'라 한 데서도 나타나듯이 고려는 발해를 같은 민족으로 보아 그 영토를 회복하고자 하는 계획을 세웠던 듯하다. 그런데 그것이 거란으로 말미암아 좌절되었던 것이다.

이윽고 중국에서는 후주의 절도사였던 조광윤(趙匡胤, 927~976)이 오대십국의 혼란기를 수습하고 통일하여 송(宋) 왕조를 일으켰다. 송은 창업할 때부터 거란과 대립할 수밖에 없었다. 연운 16주 때문이었다. 송이 거란과 대립하고 있는 사이에 정안국(定安國)과 서여진(西女眞)이

출현하여 송과 거란, 고려의 이해가 상충하는 한복판에 자리 잡았다. 송은 발해 유민이 세운 정안국에 사신을 보내는 등 거란을 견제하는 데 이용하려 했고, 거란의 위협에 직면한 정안국도 송과 군사동맹을 맺으려 했다. 고려는 계속해서 북방 진출을 노리고 있었다. 그때 거란에서 성종(成宗, 982~1031 재위)이 즉위했다.

거란의 성종은 즉위 이듬해(983) 10월에 고려 정벌을 결정하고 침공했으나, 고려의 서북 경계까지 진출하고는 회군했다. 고려를 침략할 의사가 없음을 일부러 보여주려 한 것이다. 곧이어 거란은 사신을 보내 국경 문제를 협의하자고 제안했는데, 이 또한 고려를 안심시키는 한편으로 지리를 탐지하려는 외교 전략이었다. 985년에 다시 고려 정벌을 결정하고 여진을 공략했으나, 고려를 공격하지는 않았다. 고려를 침략할 의도가 없어서가 아니라 중간에 있던 정안국과 서여진 때문이었다.

그런데 986년부터 송이 연운 16주를 회복하려고 도처에서 거란과 격전을 벌였다. 이에 거란은 잠시 고려를 제쳐두었다. 송은 처음에는 승기를 잡았으나, 차츰차츰 역전당해 연운 16주를 회복하는 일은 결국 실패로 끝났다. 게다가 송은 서북부 지역에서 서하(西夏)가 세력을 형성하자 동북 방면에서 발을 뺄 수밖에 없었다. 이로 말미암아 압록강 하구는 거란의 영향권 아래에 들어갔다. 991년에 드디어 거란은 서여진과 정안국을 지배하게 되었고, 이에 고려와 거란은 압록강 하구에서 대치하게 되었다.

993년 5월, 서북 경계 지역의 여진에서 거란이 군대를 동원하여 침략할 계획을 꾸민다고 알려왔다. 그러나 고려 조정에서는 여진이 고려를 속이기 위해 거짓 보고했다고 여겨 방비를 하지 않았다. 8월에 여진이 다시 보고하여 거란이 벌써 쳐들어왔다고 하자, 그제야 조정에서는 일이 급하게 된 줄을 알고 대비를 하기 시작했다. 10월에 시중(侍中) 박양유(朴良柔)를 상군사로, 내사시랑(內史侍郎) 서희(徐熙)를 중군사로, 문하시랑(門下侍郎) 최량(崔亮)을 하군사로 각각 임명하여 군대를 거느리고 북방 경계로 가서 방어하게 했다.

마침내 거란의 소손녕이 대군을 거느리고 고려를 침공하여 봉산군(蓬山郡, 오늘날 청천강 이북 지역)을 점령하고 고려의 선봉 군사(軍使)와 급사중(給事中) 윤서안(尹庶顔)을 포로로 잡았다. 이에 서희가 봉산군을 구원하러 갔더니, 소손녕이 "우리나라는 이미 고구려의 옛 땅에 있는데, 이제 너희 나라가 우리 국경을 침입해 오므로 이렇게 토벌하러 왔다"고 말을 퍼뜨리고는 "우리나라가 천하를 통일했는데 아직 복속하지 않은 자는 소탕할 것이니, 속히 항복하고 잠시도 머뭇거리지 말라"는 내용의 공문을 보내왔다.

이 글을 본 서희는 그들과 화의할 수 있으리라는 낌새를 읽었다. 이에 고려 성종(成宗, 981~997 재위)은 이몽전(李蒙戩)을 보내 화의를 표명하였는데, 소손녕이 항복만을 요구하므로 아무런 결론을 얻지 못하고 돌아왔다. 이몽전이 돌아와 보고하자 고려의 조정은 혼란에 빠졌다. 거란의 요구대로 항복을 하자는 투항론과 서경 이북의 땅을 거란에게 주고 화의를 청하자는 할지론(割地論)이 대립했던 것이다.

서희, 적의 속셈을 읽고 땅을 얻다

성종은 무조건 항복하는 것보다는 땅을 나누어주는 쪽으로 마음이 기울었다. 이때 서희는 먼저 한판 싸운 뒤에 다시 논의하자는 주장을 강력하게 했다. 투항론과 할지론으로 분분한 조정에서 이런 주장은 무모한 것에 가까웠으나, 이는 매우 현실적이고 또 냉정한 상황 판단에 따른 것이었다. 전 민관어사(民官御事, 호조의 수장) 이지백(李知白)도 서희의 주장을 거들고 나서자 성종도 이를 옳게 여겨 따랐다.

이렇게 조정에서 논의가 분분한 사이에 거란은 안융진(安戎鎭)을 공격했다. 이몽전이 돌아간 뒤에 아무런 회답이 없었기 때문이다. 그러나 거란이 도리어 패배하자 소손녕은 다시 사람을 보내 항복을 재촉했다. 성종이 강화를 체결하기 위해 합문사인(閤門舍人) 장영(張瑩)을 보냈으나, 소손녕은 대신을 보내라는 응답을 보냈다. 이에 성종이 신하들을 모아놓고 물었다.

"누가 거란 진영에 들어가서 세 치 혀로 적병을 물리치고 만세의 공을 세울 것인가?"

신하들 가운데 응하는 자가 없었다. 서희가 홀로 나서며 말했다.

"신이 비록 재바르지 못하오나, 어찌 감히 왕명을 받들지 않겠습니까?"

성종은 강가에까지 나가서 그의 손을 잡고 위로하며 전송했다.

어떤 대신도 나서지 않은 것은 감히 적진에 들어가야 하는 위험을 감수해야 했기 때문이다. 더구나 칼자루는 소손녕이 쥐고 있는 게 아닌가. 이런 상황에서 국운을 건 협상을 자칫 잘못하면 그 책임은 결코 작지 않을 것이다. 그러니 누가 감히 나서겠는가. 이런 일에서는 상황을 정확하게 파악하는 예리한 통찰력과 어떤 변수가 생기더라도 냉철하게 대처할 수 있는 담대함이 있어야 한다. 이미 상대의 의중을 파악하고 있었던 서희는 바로 그런 통찰력과 담대함까지 아울러 지닌 인물이었다.

서희가 소손녕을 만나 외교적 담판을 지은 일에 대해서는 『고려사』 권94, 「열전 7」의 〈서희열전〉에 자세하게 나와 있다. 이를 그대로 옮긴다.

서희는 국서를 받들고 소손녕의 군영으로 가서 통역을 시켜 회견하는 절차를 물었다. 소손녕이 말했다.

"나는 대국의 귀인이니, 그대는 뜰에서 절해야 한다."

서희가 말했다.

"신하가 임금에게 절할 때는 아래에서 하는 것이 예의지만, 지금 두 나라 대신이 만나는 자리에서 어찌 그럴 수 있겠는가!"

이러기를 두세 번 되풀이했으나, 소손녕이 고집을 피우므로 서희는 성내며 숙소로 돌아와서는 누워서 일어나지 않았다. 소손녕은 마음속으로 그를 기이한 사람으로 여겨 당 위에 올라 예의를 차리는 것을 받아들였다. 이에 서희는 거란의 영문(營門) 밑에서 말을 내려 들어갔으며, 소손녕과 뜰에서 마주서서 읍하고 당 위에 올라 예의를 표하고 동서로 마주 앉았다. 소손녕이 서희에게 말했다.

"그대의 나라는 신라 땅에서 일어났고 고구려의 땅은 우리에게 속하는데, 그대의 나라가 침식(侵蝕)해 들어왔다. 또 우리와 땅이 인접해 있는데도 바다를 건너 송나라를 섬기고 있다. 이 때문에 이번에 군사를 일으켰다. 만약 땅을 떼어 바치고 우리 조정에 사신을 보낸다면 무사할 것이다."

서희가 대답했다.

"아니다! 우리나라는 바로 고구려의 후계자다. 그래서 국호를 고려라 하고 평양에 도읍을 정했다. 만약 경계를 논한다면, 귀국의 동경(東京,

요양)이 우리 영토 안에 들어와야 하는데, 어찌 침식했다고 하는가? 압록강 안팎 또한 우리 영토 안인데, 지금 여진이 몰래 들어와 살면서 완고하고 교활하게 변덕을 부리고 속이면서 길을 가로막고 있어 바다를 건너는 것보다 더 어렵다. 사신을 보내 국교를 통하지 못하는 것은 여진 때문이다. 만약 귀국이 여진을 쫓아내고 우리의 옛 땅을 돌려주어 성을 쌓고 도로를 통하게 한다면, 어찌 사신을 보내지 않겠는가? 장군이 만일 나의 의견을 천자(거란 성종)에게 전한다면, 어찌 받아들이지 않으시겠는가?"

서희의 말씨와 기세가 비분강개했으므로 소손녕은 강요할 수 없음을 알았고, 이윽고 담판한 내용을 황제에게 전달했다. 이에 거란의 황제가 회답했다.

"고려가 이미 강화를 청하였으니, 군대를 철수하라!"

(이로써 전쟁은 더 벌어지지 않았다.) 소손녕이 연회를 열어 서희를 위로하려 하자, 서희가 말했다.

"우리나라가 비록 아무런 잘못이 없다 하더라도 귀국이 대군을 이끌고 왔으므로 우리나라에서는 위와 아래가 모두 황급히 무기를 들고 전선에 나선 지 여러 날이 되었다. 어찌 차마 연회를 즐길 수 있겠는가!"

소손녕이 말했다.

"두 나라의 대신이 서로 만났는데, 어찌 친목을 도모하는 예식이 없을 수 있겠는가?"

소손녕이 굳이 청하므로 서희도 받아들이고는 아주 즐겁게 놀았다. 서희는 거란의 군영에서 7일을 머문 뒤에 돌아왔는데, 소손녕은 낙타 열 마리, 말 1백 마리, 양 1천 마리, 비단 5백 필 등을 예물로 주었다. 성종은 아주 기뻐하며 강가에까지 나가서 서희를 맞이하였다. …

성종 13년(994)에 서희는 군사를 이끌고 여진을 축출한 뒤에 장흥(長興), 귀화(歸化) 두 진과 곽주(郭州)와 구주(龜州) 두 곳에 성을 쌓았다. 이듬해에는 다시 군사를 이끌고 안의(安義), 흥화(興化) 두 진에 성을 쌓고, 또 그다음 해에는 선주(宣州)와 맹주(孟州) 두 곳에 성을 쌓았다.

소손녕이 서희에게 뜰에서 절을 하라고 한 것은 대국과 소국의 차이를 인식시킴으로써 회담을 유리하게 끌고 가려는 의도에서 한 짓이다. 그러나 그런 의도를 알아챈 서희도 결코 고분고분하지 않았다. 오히려 이치로써 당당하게 논박하여 기 싸움에서 밀리지 않으려 했다. 서희가 숙소로 가서 꼼짝하지 않은 것은 오히려 소손녕을 초조하게 하려는 속셈이었고 또 통했다. 대군을 거느리고 원정을 온 소손녕이 사실은 더 다급한 처지에 놓여 있었기 때문이다. 서희의 이런 당당함과 논리정연함, 담대함과 느긋함에 결국 소손녕이 양보할 수밖에 없었다.

회담이 본격적으로 시작되었을 때도 마찬가지다. 소손녕은 대군을 이끌고 쳐들어온 이유로 본래 거란에 속하는 고구려 영토를 고려가 침식하고 있으며 또 고려가 송을 섬기고 거란에 조빙(朝聘)을 하지 않았던 점을 들었다. 서희는 이에 대해 반박하기만 한 것이 아니라 오히려 두 나라 사이를 가로막고 있는 여진을 거란이 쫓아내고 고려의 옛 땅을 되찾아준다면 조빙하겠다고 하여 칼날을 쥔 상황을 거꾸로 뒤집어 칼자루를 쥔 상황으로 바꿨다. 이는 상대의 속셈을 파악했기 때문에 가능한 일이었다. 달리 말하면, 소손녕은 자신도 모르게 상대에게 속내를 드러내고 비밀을 누설했던 것이다.

"무릇 일이란 비밀스러워야 성공하고 말이 누설되면 실패한다. 꼭 자신이 누설하지 않더라도 이야기를 나누다가 숨긴 일을 건드리게 되면, 유세가는 위태로워진다. 상대가 겉으로 어떤 일을 하면서 실제로는 다른 일을 이루려고 하는데, 그가 겉으로 하는 일을 알뿐만 아니라 그렇게 하려는 까닭까지 알게 되면, 유세가는 위태로워진다." —「세난」

소손녕은 외교적 담판에서 패했음에도 죽음을 당하지 않았다. 그러나 처음에 차지하려 했던 영토를 얻지 못하고 양보했기 때문에 개인적인 죽음보다 더 큰 손실을 국가에 입힌 셈이 되었다. 반면에 외국의 대군 앞에서 투항할 것인가 땅을 떼어 줄 것인가만 논란하며 소극적으로 대응하려던 고려 국왕과 조정에 일침을 가하며 먼저 외교적으로 대응하고 나중에 전쟁을 불사하자는 주장을 폈던 서희는 소손녕과 거란 쪽의 속셈을 꿰뚫어보고 거란 황제가 스스로 철군하도록 설득시켰다. 그런 뒤에 여진이 머물고 있던 곳에 성을 쌓아 이른바 '강동6주'를 확보했으니, 고려로서는 전화위복(轉禍爲福)이 된 셈이다. 이 모두 서희의 식견과 담력으로 말미암았으니, 뛰어난 외교관의 세 치 혀는 십만 군사의 칼날보다 더 날카롭고 강력할 수 있음을 입증한 일이기도 하다.

외교 없는 강병은 국력 소모다

대개 외교관의 능력으로 언변을 꼽는다. 언변이 뛰어나야 상대를 설복시킬 수 있다고 여기기 때문이다. 그러나 언변을 펼칠 상황이 형성되지 않으면, 아무런 의미가 없다. 무엇보다도 자신에게 유리한 국면을 조성해야 한다. 시작부터 기 싸움을 벌이는 이유가 여기에 있다. 그리고 단순히 기세가 드세다고 해서 되는 게 아니다. 먼저 전체의 국면을 읽어내고 상대의 속내를 꿰뚫어보아야 하는데, 한비가 말한 주도면밀함이 그래서 중요하다.

"권력 관계에 대한 정보를 헤아릴 때 주도면밀하지 못하면 각국의 강약과 경중의 대칭 관계를 알지 못하고, 심리 정보를 파악할 때 주도면밀하지 못하면 은밀하게 감추어진 변화의 동정을 알지 못한다. 권력 관계에 대한 정보를 헤아리는 것은 무엇인가? 영토의 크기를 계산하고, 인구의 많고 적음을 고려하며, 경제력을 저울질하며, 군사력의 많고 적음을 파악하고, 풍요하고 궁핍한 것과 여유롭고 부족한 것이 얼마나 되는지를 파악하며, 지리적 형세의 구조가 어떠한지를 분별해 어느 지형이 누구에게 이익이며 누구에게 해로운지를 알며 …" —『귀곡자』「췌편(揣篇)」

주도면밀하게 상황을 분석한 뒤에는 적절한 방식으로 상대를 설득해야 한다. 『귀곡자』에서는 이를 '어루만지는 기술'이라 했는데, 이 기술의 핵심은 상대가 눈치 채지 못하도록 은밀하게 진행해야 한다는 데 있다.

"어루만지는 기술은 상대의 자질에 따라 다양한 방법을 쓴다. 평심한 태도를 보이기도 하고, 솔직한 태도를 보이기도 하며, 즐겁게 말하는 태도를 보이기도 하고, 분노의 태도를 보이기도 하며, 명예심을 자극하기도 하고, 솔선수범을 보이기도 하며, 청렴한 태도를 보이기도 하고, 신뢰의 태도를 보이기도 하며…" —『귀곡자』「마편(摩篇)」

서희가 소손녕을 처음 만나서부터 취한 태도나 행동 방식을 잘 보라. 그야말로 『귀곡자』에서 말한 ‘어루만지기 기술’을 유감없이 발휘한 것이나 진배없다. 이렇게 서희는 세 치 혀와 담대함으로 상대를 설득시켜, 단 한 말의 군량미도 허비하지 않고, 한 명의 병사도 번거롭게 하지 않고, 한 대의 화살도 쏘지 않은 채 거란의 대군을 물러가게 했다. 그리고 이를 계기로 요해처에 성을 쌓아 이른바 ‘강동6주’를 확보했으니, 전국시대에 제 한 몸의 영달을 위해 종횡무진하며 세 치 혀를 놀렸던 책사들과는 견줄 수 없을 정도로 큰 공을 세웠다고 할 만하다.

서희에게서 볼 수 있는 이런 외교적 역량이 바로 지금 한국이 가장 필요로 하는 것임은 두말할 필요가 없으리라. 이미 중천에 떠올라 천하를 환히 비추는 중국, 부국에 강병까지 더해가는 일본, 시시때때로 남쪽을 추근대며 줄다리기를 하고 있는 북한, 태평양 너머에서 동아시아에 교두보를 확보하려는 미국 등. 이 나라들 사이에서 나라가 번창하고 국민들이 편안한 삶을 누리기 위해서는 강력한 군대 못지않게 탁월한 외교관이 절실하게 요구된다. 외교 없는 강병은 국력을 소모시킬 뿐임을 잊지 말아야 한다.

25

통일의 숨은 힘은 외교다

"지금 한(韓)나라는 약소국이면서 대국만 믿고 군주는 게을러 진(秦)나라의 말만 듣고 있으며, 위(魏)나라는 제나라와 초나라만 믿고 나라를 운용하는데, 이는 약소국이 더욱 쇠망해지는 길이다. 따라서 다른 나라를 믿어서는 영토를 넓힐 수 없음에도 한나라는 그런 사실을 알지 못하고 있다." —「칙사」

한비가 조국 한나라의 안위를 걱정하고 있을 때, 한나라는 전국칠웅 가운데 가장 약한 나라가 되어 있었다. 그것은 부국강병을 이룰 수 있도록 법령을 정비하고 인재를 발탁하는 등 내정에 충실하지 않은 까닭이다. 유가의 정치 교과서인『대학(大學)』의 첫머리에 "물건에는 근본과 말단이 있고, 일에는 마침과 시작이 있으니, 먼저 할 것과 나중에 할 것을 안다면 도에 가깝다"(物有本末, 事有終始, 知所先後, 則近道矣)는 구절이 나온다. 그 도는 곧 치도(治道)이니, 통치의 길이다. 통치에 있어 먼저 할 일은 당연히 부국강병을 이룰 수 있도록 내정에 힘쓰는 것인데, 이를 간과한 채 바깥의 대국을 믿고 기대는 것은 본말이 전도된 것이고 선후를 뒤바꾼 짓이다. 그래서야 영토를 넓히는 일은 제쳐두고 보존하는 것조차 힘들다. 이는 한비가 진(秦)나라에서 죽임을 당한 지 3년 만에 증명되었다. 기원전 230년에 진나라는 한나라를 멸망시키고 일개 군으로 삼아 영천군(潁川郡)이라 불렀던 것이다.

지금 한국 국민들은 대부분 통일을 바란다. 또 통일이 임박한 것처럼 여기는 이들도 적지 않다. 더구나 2014년에는 새해 벽두부터 대통령이 신년 기자회견에서 "통일은 대박이다"라고 서슴없이 말했다. 통일은 바라는 일이고 또 좋은 일이겠지만 지금 한국은 저 한나라와 크게 다를 바 없어 보이는데, 어떻게 그토록 쉽게 통일을 말할 수 있을까 의문이다. 대체 무슨 대비를 그렇게 잘하고 있기에 통일이 대박이라는 말을 서슴없이 할까? 국민을 희롱하는 것이 아니라면 무슨 착각을 하고 있는 건 아닐까?

진 제국도 외교에서 시작되었다

진나라가 한나라를 시작으로 여섯 나라를 차례로 제압하여 고작 10년 만에 중국 최초로 통일 제국을 이룩한 것이 오로지 경제력과 군사력만으로 가능했던 것처럼 여기는 경우가 흔하다. 이는 오해다. 진나라는 부국강병만으로 통일을 이룬 게 아니다. 외교가 뒷받침되어서 가능했던 것이다. 더구나 전국시대 이전에는 보잘 것 없었던 진나라가 강성해지는 데에도 외교적인 노력이 크게 작용했다.

전국시대에는 수많은 책사들이 각국에서 활동하였는데, 소진(蘇秦)과 장의(張儀, ?~기원전 309)는 특히 손꼽히는 책사들이다. 소진은 진나라를 제외한 여섯 나라가 연합하여 진나라에 대항해야 한다는 합종책(合縱策)을 주장하여 여섯 나라의 재상 노릇을 했다. 이에 맞서 장의는 연횡책(連衡策)을 주장하여 여섯 나라가 각각 진나라를 중심으로 동맹을 맺어야 한다고 했다. 이 장의의 책략이 곧 진나라의 외교 전략이었다.

이미 상앙의 변법으로 국력이 강성해진 진나라는 이제 장의의 책략을 바탕으로 여섯 나라의 합종책을 무너뜨리는 데 성공함으로써 진나라가 천하를 통일할 수 있는 기반을 더욱 확고하게 다졌다. 합종책을 무너뜨린 일은 제나라와 초나라 두 대국의 사이를 이간시키면서 시작되었다. 장의는 세 치 혀로 초나라 회왕(懷王, 기원전 328~299)을 농락하였는데, 초나라가 제나라와 관계를 끊으면 사방 6백 리의 땅을 헌상하겠다고 했다. 회왕은 이 말을 의심 없이 믿고 제나라와 국교를 끊었다.

그런데 나중에 초나라 사자가 찾아와 약속했던 땅을 달라고 하자, 장의는 "귀국에 드릴 땅은 사방 6리요"라고 함으로써 회왕을 아주 화나게 만들었다. 화난 회왕은 신하들의 만류에도 굳이 군사를 일으켜 진나라를 쳤다. 그러나 크게 패하는 바람에 도리어 패망할 지경에까지 갔다. 비록 장의가 적국의 왕을 속인 것이기는 하지만 국가 간의 외교 또한 전쟁이나 다름이 없는데, 책사의 말을 곧이곧대로 믿은 회왕이 어리석었다고 해야 할 것이다. 결국 장의의 책략으로 진나라는 남쪽의 대국인 초나라에 대한 근심을 덜 수 있었다.

물론 장의의 책략으로 더 이상 진나라가 위태로운 지경에 처하지 않았다고 할 수는 없다. 더구나 진나라가 눈에 띄게 강성해지고 있었으니, 다른 제후국들로서는 대책을 마련하지 않을 수 없었을 터. 자칫 머뭇거리기라도 하면 사태는 순식간에 걷잡을 수 없게 될 수도 있었다. 진나라 왕 영정(嬴政)이 국내에서 막강한 권력을 휘두르던 노애와 여불위를 제압하여 내분을 종식시킨 뒤인 기원전 234년부터 조나라를 공격하자, 제후국들은 더욱더 위기를 느꼈다.

기원전 233년, 연·조·위·초 네 나라는 하나가 되어 진나라를 치려고 했다. 그러자 영정은 군신들과 빈객들을 불러놓고 물었다.

"네 나라가 하나가 되어 우리 진나라를 치려 하고 있소. 과인은 안으로 재정이 궁핍하지는 않으나 잇단 전쟁으로 병사들이 죽어가고 있으니, 이 일을 어찌하면 좋겠소?"

군신들은 아무도 대답하지 못하고 있었다. 그때 요가(姚賈)가 나서서 대답했다.

"신이 네 나라에 사자로 가서 반드시 그 모의를 철회시키고 출병을 저지하도록 하겠습니다."

이에 영정은 병거 1백 대와 동(銅) 1천 근을 주면서 자신의 의관과 칼까지 착용하게 했다. 요가가 하직 인사를 올리고 유세에 나서자 과연 네 나라의 모의는 중단되고 출병도 저지되었다. 그뿐만 아니라 네 나라와 각각 국교를 맺고는 돌아왔다. 이에 진나라 왕은 아주 기뻐하며 그에게 1천 호의 영지를 내렸다. —『전국책』「진책(秦策)」

고려 전기에 거란의 대군이 침략하자 홀로 적진에 들어가서 소손녕과 담판을 벌여 철군하게 하고 '강동6주'를 확보했던 서희와 견줄 수 있을 만큼 요가는 탁월한 외교술을 발휘했다. 장의가 연횡책으로 여섯 나라를 꼼짝 못하게 한 일에서부터 요가가 진나라를 치려는 네 나라를 무마하여 위기를 넘긴 일까지 모두 부국강병을 배경으로 한 외교전이었다. 그리고 이런 외교적 책략들이 뒷받침되어 진나라가 유리한 상황에서 여섯 나라를 잠식해갈 수 있었다.

비스마르크, 외교로 독일 제국을 이루다

"무릇 군주가 담장의 틈새나 구멍은 막지 않은 채 붉은 흙이나 흰 흙을 바르는 데에만 힘쓴다면, 거센 비바람이 몰아칠 경우 반드시 무너진다. 눈앞에 닥친 화근을 없애지 않고 맹분이나 하육처럼 신하들이 기꺼이 죽어주기를 바라고, 담장 안에서 일어나는 우환을 경계하지 않고 먼 변경에 견고한 성을 쌓으며, 가까이 있는 현자의 계책은 쓰지 않으면서 천리 밖에 있는 큰 나라와 외교를 맺으려 하는데, 하루아침에 회오리바람이 일면 맹분이나 하육이 있더라도 구해주지 못하고 외교를 맺은 나라의 도움도 미처 이르지 못하리니, 그 재앙은 더없이 크다." —「용인(用人)」

19세기를 독일인들은 참담한 패배감을 느끼면서 시작했다. 1805년, 아우스터리츠에서 오스트리아의 주력군은 나폴레옹의 군대에 크게 패했다. 1806년에는 프로이센 군대가 예나, 아우어슈테트에서 나폴레옹의 프랑스 군대에게 패배했다. 독일인들은 이 패배의 충격과 굴욕감에 이어 가혹한 재정적 압박, 프랑스군의 횡포 등을 겪어야 했다. 이는 곧 독일 땅에 변화를 몰고 왔는데, 특히 독일 민족에 대한 각성이 거세게 일었다. 이리하여 민족주의 운동이 활발해졌다.

독일의 민족주의 운동과 더불어 일어난 것이 통일 독일에 대한 열망이었다. 독일 통일에 대해서는 대독일주의와 소독일주의가 방안으로 제시되었다. 대독일주의는 오스트리아를 포함한 독일의 모든 지역을 하나로 묶자는 것이었고, 소독일주의는 오스트리아를 제외한 나머지 독일 국가들을 합쳐서 통일하자는 것이었다. 그러나 어떤 방식으로 통일을 하든 선결조건이 있었다.

독일의 통일은 중부 유럽의 권력이 집중되는 일이었기 때문에 이미 독일의 통일을 견제하고 저지해왔던 유럽의 강대국들이 힘을 합쳐서 개입하여 방해할 것이 분명했는데, 이 문제를 어떻게 외교적으로 적절하게 처리하여 무력화시킬 것이냐 하는 것이었다. 1848년에 프로이센이 덴마크를 공격했을 때 유럽 강대국들이 공동으로 간섭한 것을 보건대, 이는 반드시 해결해야 할 과제였다. 그런데 이런 과제를 해결하면서 독일 통일을 실현시킬 나라는 프로이센이었다.

"만약 독일 민족통일의 목표가 19세기 안에 달성된다면 그것은 훌륭한 일이 될 터이지만, 만약 10년, 5년 안에 이루어진다면 그것은 뭔가 특별한 것, 아무도 예상치 못한 신의 은총이 내린 선물과 같은 것이 될 것이다."

이는 1868년 5월에 프로이센의 재상인 오토 폰 비스마르크(Otto

Eduard Leopold von Bismarck, 1815~1898)가 한 말이다. 비스마르크는 1847년에 프로이센 의회의원으로 당선되어 정계에 진출했는데, 1851년에 프랑크푸르트에서 열린 독일 연방의회에 프로이센 대표로 참석한 뒤로 독일 통일을 위해서는 "오스트리아를 배제해야 한다"는 소독일주의 통일관을 갖게 되었다. 그리고 1862년 9월 24일, 빌헬름 1세(Wilhelm Ⅰ, 1861~1888 재위)에 의해 당시 파리 주재 프로이센 공사로 있던 그는 내각의 수상으로 임명되었다.

본래 비스마르크는 강경 보수주의자이자 반혁명적인 인물로, 당시 독일 여론에서도 그를 반자유주의의 화신이자 반민족주의를 구현하려는 인물로 묘사했다. 그러나 비스마르크는 어떠한 비난에도 개의치 않았다. 그는 오로지 프로이센의 권력을 확대하고 공고히 해서 독일 내에서 프로이센이 헤게모니를 구축하여 궁극적으로는 통일을 이루는 데에만 관심이 있었을 뿐이다. 흥미로운 것은 그가 민족주의자들의 비난과 반대를 적절히 이용하여 독일 통일이라는 민족주의적 야망을 숨길 수 있었다는 점이다.

비스마르크는 독일 통일에 대한 자신의 의도를 숨기면서 군비를 확장하여 1864년에는 덴마크를, 1866년에는 오스트리아를 제압했다. 이어 프랑스와의 전쟁(보불전쟁, 1870~1871)에서 승리하여 독일 제국을 선포하면서 드디어 통일을 이룩했다. 이는 세기 초의 치욕을 씻는 일이면서 독일인들이 그토록 갈망하던 통일을 이룬 위업이었다.

비스마르크 스스로 19세기 안에 달성되어도 훌륭한 일이라 했던 통일을 그가 위의 말을 한 지 불과 3년 만에 이루어냈으니, 이는 그야말로 신의 은총이 내린 선물이라 할 만하다. 사실 독일이 통일을 이루기까지 유럽 강대국들의 분열을 비롯한 많은 변수들이 프로이센에 유리하게 작용하였고, 또 헬무트 폰 몰트케를 발탁하여 군제를 개편한 것이나 통일을 향한 민족적 감정과 여론이 고조된 것 등도 큰 구실을 했다. 그러나 무엇보다도 당시의 유럽 상황을 적절하게 이용한 비스마르크의 외교적 수완을 빼놓을 수 없다. 이는 통일된 독일 제국을 안정적으로 유지하는 데에 비스마르크의 외교적 능력이 크게 기여한 사실에서도 입증된다.

통일된 독일 제국에서도 재상을 맡은 비스마르크는 유럽 외교무대를 주도하면서 세력균형을 유지하기 위해 노력했다. 1873년에는 독일 · 오스트리아-헝가리 · 러시아 세 제국을 하나로 묶는 삼제동맹을 중재하여 유럽의 평화를 유지하면서 프랑스를 고립시키는 데 성공했다. 또 1879년에는 러시아를 견제하기 위해 독일-오스트리아 동맹을 체결했으며, 이를 바탕으로 1882년에는 이탈리아를 끌어들여 삼국동맹을 맺었다. 이렇게 프랑스와 러시아를 견제하는 동맹을 맺고는 1887년에 다시 러시아와 비밀리에 조약을 체결했다. 이는 오스트리아와 러시아의 관계가 악화되면서 러시아가 프랑스에 접근하려 하자 선수를 쳐서 러시아의 중립을 끌어낸 일이다.(비스마르크가 재상에서 물러난 직후에 러시아가 프랑스와 조약을 맺으면서 이 동맹도 붕괴되었는데, 그만큼 비스마르크의 외교적 영향력이 컸다는 것을 반증한다.) 이렇게 수많은 동맹과 조약을 체결했을 뿐 아니라, 1877년 러시아와 투르크 사이에 전쟁이 발발하자 베를린 회의를 주재하여 '공정한 중재자' 역할도 했다.

1871년부터 1890년까지 통일된 독일제국의 재상으로서 비스마르크는 독일의 내부를 통합시키려 하면서 더 이상 전쟁을 일으키지 않으려 애썼다. 그의 노련한 외교 정책은 이를 충분히 가능하게 했다. 그러나 그가 물러난 뒤에는 독일의 외교 정책을 이끌고 갈 만한 인물이 없었다. 그의 외교 정책은 하나씩 무너졌고, 이는 결국 제1차 세계대전의 원인 가운데 하나가 되었다. 또 히틀러의 등장으로 제2차 세계대전이 벌어졌고, 이로 말미암아 동독과 서독으로 분단되기에 이르렀다. 통일이 백 년을 가지 못한 것이다.

한스 디트리히 겐셔, 독일의 재통일을 이루다

1949년에 동독과 서독으로 분단되면서 독일은 미국과 소련이라는 두 초강대국의 특별한 관심과 고려의 대상이 되었고, 이데올로기가 극단적으로 대립했던 전 세계 냉전의 중심이 되었다. 세계대전의 전범국가로서 반성과 참회를 해야 했고 피해보상도 책임을 져야 하는 상황에서 두 초강대국의 핵우산 아래에서 정치적 · 군사적 · 경제적 · 이데올로기적 측면에서 대립이 극단으로 치닫고 있었던 시대가 지속되었으므로 독일 통일은 그저 백일몽에 그치리라고 여길 수밖에 없었다. 그런데 1989년 11월 9일 저녁, 동독과 서독을 그토록 견고하게 가로막고 있던 장벽이 무너졌다. 이듬해 독일은 다시 통일을 이루었다. 반세기가 지나기도 전에.

독일이 통일을 이루기까지 콘라트 아데나워(Konrad Adenauer, 1876~1967)와 빌리 브란트(Willy Brant, 1913~1992), 헬무트 콜(Helmut Kohl, 1930~) 등과 같은 총리들이 일관되게 보여준 내정과 외교가 큰 몫을 차지했음은 두말할 나위가 없다. 서독의 초대 총리인 아데나워는 서독을 경제적으로 유럽공동체에 편입시켰고, 1969년에 총리가 된 빌리 브란트는 서방에 편향된 외교 정책을 보완하는 동방정책을 실시하여 공산주의 국가들과 화해를 시도하면서 독일 외교에 새바람을 일으켰으며, 헬무트 콜은 1982년부터 16년 동안 총리직을 맡아 독일의 통일을 이끌고 유럽 연합을 만들었다.

그런데 이들 총리들의 내정과 대외정책이 통일이라는 대업으로 이어지도록 이끈 장본인 한 사람을 빼놓을 수 없는데, 바로 한스 디트리히 겐셔(Hans-Dietrich Genscher, 1927~)다. 그는 1974년부터 1992년까지 무려 19년 동안 외무장관의 직책을 수행했다. 그는 빌리 브란트의 동방정책을 디딤돌로 삼아 서방과의 관계도 돈독히 하면서 동방과 서방의 균형을 적절히 이용하여 실리를 챙겼다. 그의 대표적인 작품은 1975년에 체결된 '헬싱키 협약'이다.

헬싱키 협약은 1975년 7월 30일부터 3일간 핀란드 헬싱키에서 열린 안보협력회의에서 미국과 동서의 유럽 국가 등 35개국들이 주권존중·전쟁방지·인권보호를 핵심으로 체결한 협약이다. 8월 1일, 동등한 주권 인정, 무력 사용과 위협 중단, 영토 불가침, 영토 보전, 분쟁의 평화적 해결, 내정 불간섭, 사상·양심·종교·신앙 등 기본적 자유와 인권 존중, 인간의 평등과 자결권 보장, 국가간 협력, 국제법상의 의무 이행 등을 내용으로 한 〈유럽안보의 기초와 국가간 관계 원칙에 관한 일반 선언〉으로 명명된 최종문서에 참가국들이 조인함으로써 이루어졌다. 이로써 2차 세계대전 이후의 냉전은 종식되었고, 동유럽과 서유럽 사이에 긴장완화가 이루어지고 화해의 기운이 싹텄다. 서독과 동독 사이에서는 인적교류가 행해져 민족적 연대감과 동질성이 강화되고 대화도 증가하게 되었다. 이는 훗날 독일 통일의 초석이 되었다.

겐셔의 가장 큰 기여 가운데 하나는 1989년에 베를린 장벽이 붕괴

되면서 독일 통일의 가능성이 열렸을 때 그 과정에서 복잡한 실타래를 풀어간 일이다. 그는 1995년에 출간한『회고록』에서 이 시기가 가장 힘들었다고 고백했다. 당연한 일이다. 베를린 장벽의 붕괴라는 갑작스럽게 찾아온 통일의 기회를 놓치지 않아야 했으니 말이다. 그런데 베를린 장벽의 붕괴도 이미 겐셔의 외교적 노력에서 비롯되었다고 해도 과언이 아니다.

1989년 9월 27일 저녁, 서독의 한스 디트리히 겐셔 외무장관과 동독의 오스카 피셔 외무장관이 만났다. 유엔 총회 참석차 미국 뉴욕에 머물던 겐셔는 피셔 장관에게 서독 망명을 요청한 동독 국민들에게 여권과 비자를 줘서 출국시키든지, 아니면 열차로 동독 땅을 거쳐 보내든지 둘 중 하나를 선택하라는 제안을 했다. 피셔 장관은 이튿날 본국에 뜻을 전달하기로 했고, 겐셔는 이와 별개로 야로미르 요하네스 체코 외무장관에게 도움을 요청했다. 요청 내용은 동독인들이 서독으로 갈 때 측면 지원을 해달라는 것이었다. 그해 5월에 헝가리-오스트리아 국경 철조망 일부가 제거되면서 촉발된 동독인들의 서독 망명의 매개는 동베를린 주재 서독 상주대표부, 헝가리 · 체코 · 폴란드 주재 서독 대사관 등이었다. 동독인들은 대사관 담장을 넘어 들어와 서독으로 보내달라고 요구하고 있었던 것이다. 당시 헝가리에서 휴가를 보내던 15만 명에서 20만 명의 동독인 가운데 10% 정도가 망명을 원하고 있었고, 헝가리 정부는 서독의 경제지원을 대가로 이들의 집단출국을 돕겠다고 나서기도 했다.

이런 과정에서 겐셔는 결정적이고 역사적인 발표를 했다. 체코 주재 서독대사관의 발코니에서 한 발표다. 9월 30일 저녁 6시 58분, 겐셔는 발코니에 올라 뉴스를 전하기 시작했다. 대사관을 가득 메운 4천여 동독인들의 서독행을 두고 동독 및 관계 당사국들과 협상한 결과를 전하는 것이었다. "친애하는 여러분! 우리는 여러분의 출국이 허가됐음을 알려드리러 왔습니다!" 그의 발표는 여기서 멈추었다. '출국'이라는 단어를 들은 망명 요청자들이 지른 환호성과 박수소리에 이어질 내용이 묻혀버린 것이다.

그리고 1989년 10월 1일 새벽 6시 14분, 서독 남부 바이에른 주 호프역 광장에는 동독인 1천200명을 태운 첫 번째 특별 열차가 8번 플랫폼에 도착하고 있었다. 이로써 서독 망명을 요구하는 동독인들의 대탈출은 시작되었고, 독일은 통일에 한 걸음 성큼 다가섰다. 베를린 장벽 붕괴의 뒤에는 이렇게 겐셔라는 특출한 외교관이 남모르는 고군분투를 하고 있었던 것이다.

제국의 길을 잃으면 통일도 없다

진나라가 천하를 통일하고 독일이 통일을 이룬 데에는 부국강병이 전제되어 있다. 19세기 프로이센 역시 마찬가지였고, 20세기 서독의 상황도 다르지 않았다.(물론 서독은 강병에 제약이 있었다. 2차 세계대전의 전범국가였던 까닭에. 외교와 부국으로 강병의 공백을 메웠다고 할 수 있다.) 부국강병이 결여된 상태에서는 주체적이고 독립적인 행보를 할 수가 없다. 더구나 열강들이 바로 이웃해 있다면, 아무리 간절하게 바라더라도 한낱 백일몽에 지나지 않게 된다.

그렇다면 아직 부국강병을 이루지 못한 상황에서는 어떻게 해야 할까? 역시 외교전을 통해 시간을 벌어 부국강병을 꾀해야 한다. 그렇지 않으면, 한비의 조국처럼 대국의 침략을 받지 않을지라도 대국의 간섭과 방해를 받는 처지가 되어버린다.

지금 한국은 저 한비의 조국과 처지가 비슷하다. 부국의 길에서 주춤거리고 있고, 강병은커녕 우방인 미국의 입김에서 벗어나려는 시도조차 못하고 있으며, 장성들과 국방부는 갖가지 비리와 구설의 온상이 되어 있고, 자질과 능력이 의심스런 장관들이 주요한 자리를 차지하고 있다. 이에 더하여 외교적 역량을 발휘할 인재도 부족하고, 외교 정책을 한결같이 이어가지도 못하고 있다. 툭 하면 외무부장관을 갈아치우고 있으니, 어느 세월에 외교적 성과를 거둘 수 있겠는가?

외교는 대화로 풀어가야 하는 일이고, 대화는 사이가 가까울수록 유리하고 유익하다. 열강들이 우리 안마당까지 들어와서 횡포를 저지르려 하는 지경인데, 이는 저 겐셔처럼 오래도록 외교 정책을 담당한 핵심 인물이 없어 주변국들에 통일을 지지해줄 친구들을 만들어놓지 않은 데에도 원인이 있다. 이 지경이니, 무슨 통일을 바라겠는가? 설령 통일이 신의 은총처럼 찾아온다고 한들, 감당할 수 있겠는가? 저 독일조차 통일 뒤 20년이 지나서까지 힘에 겨워했는데 말이다.

"사람은 누구나 부귀와 장수를 바란다. 그럼에도 빈천과 요절의 재앙에서 벗어나지 못한다. 마음으로는 부귀와 장수를 바라지만 현실적으로는 빈천하고 요절하는 것은 이르고자 하는 곳에 이를 수 없기 때문이다.

이르고자 하는 곳으로 가는 길을 잃고 헛되이 행동하는 것을 '헤맨다(迷)'고 한다. 헤매면 이르고자 하는 곳에 이를 수 없다. 이제 사람들이 이르고자 하는 곳에 이르지 못하기 때문에 '헤맨다'고 하는데, 사람들이 이르고자 하는 곳에 이르지 못하는 것은 천지가 개벽한 이래로 지금까지 있어온 일이다. 그래서 『도덕경』(58장)에서 '사람들이 헤매니, 그 시일이 참으로 오래되었도다!'라고 말한 것이다." —「해로(解老)」

26

제국의 미덕은 포용과 관용이다

"인류의 역사는 이주의 역사라 해도 과언이 아니다. 진부한 말 같지만 진부한 말이 으레 그렇듯 넓게 보면 그것이 맞는 말이다. 아프리카 대륙의 적절한 환경에서 진화한 원시 인류들이 각각의 두뇌 능력에 맞는 기술을 이용해 지구상의 각 대륙들로 이주한 것이 인류 진화의 기본 개념인 것이다. 그 점에서 세계는 이주자와 난민의 자손들로 채워져 있다 해도 과언이 아니다." — 피터 히더, 『제국과 만족들(Empires and Barbarians)』

2011년부터 계속된 시리아 내전은 어린이와 여성들을 포함해 수많은 사상자를 냈을 뿐 아니라 정부군의 갖가지 폭력 등이 더해져 수백만 명이 이웃 나라로 피난하기에 이르렀다. 처음에는 난민들이 레바논과 터키 등으로 흘러 들어갔는데, 난민들의 숫자가 각각 1백만 명을 넘어서자 레바논과 터키에서도 감당하기 어려워졌다. 이내 난민들은 유럽으로 눈을 돌렸고, 이것이 2015년에 온 세계를 '난민'의 문제로 떠들썩하게 만든 요인이 되었다.

독일에서는 적극적으로 난민을 수용하려고 하는 반면에 영국을 비롯한 몇몇 나라들은 극도로 꺼리고 있다.(참고로 독일은 약 8천만의 인구 가운데 20%가 이민 가정 출신이며, 해마다 20~30만 명의 이민자들을 받아들이고 있다.) 아직 한국 사회에서는 이 문제가 심각하게 논의되고 있지 않으나, 점점 늘고 있는 난민 신청자들로 말미암아 찬반 논란이 슬슬 일고 있는 실정이다.

그런데 인류의 역사는 이주의 역사라는 점에서 최근의 난민 발생과 그 수용의 문제는 특이한 일이 아니다. 피터 히더가 말했듯이, 원시 인류가 아프리카에서 전 세계로 퍼진 뒤로 그 후손들이 오늘날까지 숱한 문명과 수많은 제국들을 이루었던 것이 인류의 역사이기 때문이다. 지금 세계의 초강대국으로 군림하고 있는 미국을 보라. 지금 미국은 아메리카 대륙에서 수천 년 이상을 살아온 토착민들인 인디언들의 나라가 아니다. 1620년 9월 16일에 영국의 청교도 102명이 메이플라워호를 타고 대서양을 건너 12월 21일에 북아메리카의 메사추세츠주 연안에 도착한 뒤로 수천만 명의 이민자들이 건너와서 이룩한 나라다. 1820년부터 1940년까지 전 세계로 이주한 유럽인들만 무려 6천만 명에 달한다.

이주의 역사를 보여주는 중국 역대 왕조들

이주의 역사는 고대부터 중세를 거쳐 근대까지 지속되어 온 역사이며, 유럽과 아랍, 인도, 동아시아 어느 문명권에서든 찾아볼 수 있는 역사이기도 하다. 오늘날 미국과 더불어 G2로 불리는 중국, 광대한 영토와 수많은 민족들로 이루어진 장구한 역사의 중국 또한 이주의 역사로 점철되어 있다.

지금 우리가 '중국'이라고 부르는 나라의 영토 범위와 민족 구성은 청(淸) 왕조의 것을 이어받은 것이고, 그 전에는 이토록 광범위한 영토를 차지하고 있지 않았다. 중세를 거슬러 올라가 고대로 가면, 더욱더 영토는 좁아진다. 지금의 운남성(雲南省)만 하더라도 중국의 역사에 편입된 것은 송대(宋代) 이후다. 그 전에는 대리국(大理國)이라는 독립된 국가였다. 지금도 이 명칭은 남아 있어 그 흔적을 엿볼 수 있다.

중국의 역사에서 진(秦) 제국의 등장에 이르는 과정도 그대로 이주의 역사다. 공자가 그토록 그리워하고 기렸던 문화, 인문주의적 문화를 이룩한 주(周, 기원전 약 1046~256) 왕조도 결코 중원에서 시작되지 않았다. 말하자면, 한족(漢族)이 아니라는 말이다. 『사기』 「주본기」에서는 주 왕조의 조상인 후직(后稷)이 순(舜) 임금으로부터 받은 땅이 태(邰)라고 했지만, 곧 그 아들 부줄(不窋)이 지금의 감숙성(甘肅省) 경양(慶陽) 일대로 추정되는 융적(戎狄) 지역으로 달아났고 그 후손이 빈(豳) 땅에 도읍을 정했다고 적고 있다. 이것으로 보아서는 원래 중원에서 아주 먼 서쪽 변방에서 살았던 민족이었음을 알 수 있다.(사마천은 통일된 한(漢) 제국에서 살았던 지식인이고, 그의 『사기』도 중국 중심의 역사서라는 사실을 간과해서는 안 된다. 그가 의도했든 의도하지 않았든 고대 이전의 역사를 한족 중심으로 재구성했으리라는 점을 감안하고 그의 역사서를 읽어야 한다.)

이윽고 문왕(文王)의 조부인 고공단보(古公亶父) 때 융적의 침입으로 빈을 떠나 남쪽의 기산(岐山, 지금의 섬서성)으로 옮겼고, 이곳에서 문왕은 "서쪽 지역의 우두머리"라는 뜻의 '서백(西伯)'으로 일컬어질 정도로 위세를 떨치며 세력을 확장했다. 이를 바탕으로 그 아들 무왕(武王)이 동쪽으로 상(商) 왕조를 쳐서 무너뜨리고 주 왕조를 세웠다. 기원전 771년, 견융(犬戎)의 침입으로 유왕(幽王)이 살해되고 평왕(平王)이 즉위하면서 수도를 호경(鎬京)에서 지금의 낙양인 낙읍(洛邑)으로 옮겼다. 주 왕조의 역사는 서쪽 변방에서 동쪽으로 점점 이동한 이주의 역사나 마찬가지였다.

춘추전국의 난세를 종식시키고 천하를 통일한 진(秦) 제국도 처음에 도읍을 세운 곳이 지금의 감숙성 장가천(張家川) 남쪽 일대의 진(秦) 땅이었다. 국명은 거기서 비롯되었다. 주 왕조가 견융의 침입을 받은 뒤 도성을 낙읍으로 옮길 때 진의 양공(襄公)이 군사를 이끌고 평왕을 호위했는데, 이 일로 평왕은 양공을 제후로 봉하고 기산의 서쪽 땅을 하사했다. 이것으로 진은 동쪽의 제후들과 비로소 교류할 수 있게 되었다. 그 후 목공(穆公)이 백리해(百里奚) 등 다른 나라의 인재들을 대거 기용하면서 주변의 작은 나라들을 합병하고 영토를 넓혀 중원의 강대국이던 진(晉)과 필적하게 되었다.

전국시대 들어서는 효공(孝公)이 상앙(商鞅)을 기용하여 변법을 실행함으로써 명실상부한 강국이 되었다. 백여 년 뒤에 진왕 영정(嬴政)이 이사(李斯)를 비롯해 유능한 자들을 기용하여 천하를 통일했는데, 이때까지 진의 역사 또한 이주의 역사였다. 그뿐만 아니라 목공과 효공, 진시황 등은 다른 나라에서 온 인물들, 시쳇말로 난민들 가운데 뛰어난 자들을 기용하여 성세를 구가했다는 공통점이 있다.

이렇게 중국은 고대부터 이주를 통해 중원으로 들어온 나라들이 적지 않았다. 이것이 자연스럽게 영토를 넓히는 구실을 하기도 했다. 남쪽의 한족 국가와 북쪽의 유목민 국가가 대립했던 남북조시대(420~589)의 북조는 말할 것도 없고, 수(隋)와 당(唐)은 선비족이, 원(元)은 몽골족이, 청(淸)은 만주족이 세웠으니, 이 모두 이주 민족의 왕조였다. 중국의 역대 왕조들에서만 이주의 역사를 볼 수 있는 것은 아니다. 한반도에서 명멸했던 왕조들 또한 그렇게 시작되었다.

고려 때 일연(一然, 1206~1289)이 편찬한 『삼국유사(三國遺事)』는 고구려가 이주의 역사에서 시작되었음을 여실하게 보여준다. 『삼국유사』의 「기이(紀異)」편은 고조선의 건국부터 후삼국이 쟁패하던 시대까지 역사를 서술한 것인데, 〈북부여〉와 〈동부여〉, 〈고구려〉, 〈변한과 백제〉를 나란히 놓은 앞부분은 북쪽에 있던 부여가 동쪽으로 이주하고, 동부여에서 주몽(朱蒙)이 태어나서 다른 곳으로 이주하여 고구려를 세우고 또 그 아들인 온조(溫祚)가 남쪽으로 내려가 백제를 세웠음을 잘 보여준다. 이주의 역사, 난민의 역사에서 삼국시대가 시작된 셈이다.

구석기 시대에도 신석기 시대에도 이주민들이 이 땅에 살았다는 것은 말할 필요가 없고, 고조선 시대부터 끊임없이 이주민들이 요동 지역을 거쳐 한반도로 내려왔다는 것은 지금도 발굴되는 유적과 유물들을 통해 입증되고 있다. 그러한 이주의 역사는 또 다른 형태로 남아 있으니, 주몽의 설화, 가락국의 김수로 설화, 신라의 탈해와 김알지 설화 등이 그것이다. 비록 삼국시대 이후의 왕조들은 더 이상 이주의 역사를 보여주지 않았지만, 고려 때 발해의 유민들이 이주해 오고 또 조선 시대 초기에 여진족들이 유입해 들어온 역사를 보면 이주의 역사는 지속되었음을 알 수 있다. 또 일제 치하에서 얼마나 많은 조선인들이 이 땅을 떠나 이주했으며, 해방 이후에 미국 등으로 떠난 이주민들은 또 얼마나 많은가.

오늘날 동남아 곳곳에서 한국으로 들어오는 노동자들 또한 아득한 옛날부터 지속되어온 이주의 역사를 또 다르게 보여주고 있는 것이다. 최근 들어서 한국에 난민 신청자가 늘어나고 있는 것이 기이한 일은 아니라는 말이다. 문제는 난민을 인정하는 비율이 매우 낮다고 하는 사실이다. "우리도 힘든 사람이 많다. 난민 수용은 절대 반대다"라느니 "자기 나라에서 죽든 말든 알아서 해라"느니 "잠재적 테러리스트일지 모른다"느니 하면서 난민 수용을 극력 반대하는 목소리도 적지 않다. 이른바 "전쟁이나 재난으로 곤경에 빠진 사람"으로서 '난민(難民)'이 아니라 "법과 질서를 어지럽히는 사람"으로서 '난민(亂民)'으로 보고 있는 셈이다. 반대하는 이들의 논리 또한 일리는 있으나, 넓게는 인류의 역사를, 좁게는 한국의 역사를 알지 못한 탓에 나온 편협하고도 이기적인 태도라 할 수 있다. 그리고 이주의 역사는 인재가 유입되는 역사이기도 하다는 사실을 간과한 것이다. 물론 기득권을 누리던 이들로서는 결코 반가운 일이 아니겠지만 말이다.

포용과 관용으로 제국을 이루다

"후직(后稷), 고요(皐陶), 이윤, 주공 단(旦), 태공망 여상(呂尙), 관중, 습붕, 백리해, 건숙(蹇叔), 구범(舅犯), 조최(趙衰), 범려, 대부 문종(文種), 봉동(逢同), 화등(華登) 등 열다섯 명은 신하가 되어 모두 일찍 일어나고 밤늦게 자며 스스로 몸을 낮추고 삼가는 마음으로 뜻을 맑게 지녔다. 또 형벌을 밝히고 직분에 충실하면서 군주를 섬겼으며, 좋은 의견을 내놓고 도리와 법도에 통달했으면서도 자신의 뛰어난 점을 자랑하지 않았으며, 공을 세우고 일을 이루면서도 자신이 힘쓴 일을 떠벌리지 않았다. 제 집안을 희생하여 나라를 태평하게 하고 제 몸을 죽여 군주를 편안하게 하는 일을 어려워하지 않았으며, 군주를 하늘이나 태산처럼 받들고 자신은 깊은 골짜기나 강물처럼 낮췄다. 군주가 나라 안에서 명성을 크게 떨칠 수 있다면, 자신은 골짜기나 부수(釜水)와 유수(洧水) 같은 강물처럼 기꺼이 낮아지려고 했다. 이런 신하들은 어리석고 어지럽히는 군주를 만나더라도 공을 이룰 수 있다. 하물며 현명한 군주를 만나면 어떠하겠는가? 이런 신하를 '패왕의 보좌'라 일컫는다." —「설의(說疑)」

후직은 요와 순 때의 인물로, 앞서 언급했듯이 중원의 인물이 아니라 서쪽 변방의 인물이었다. 주 왕조가 상 왕조를 무너뜨리는 데 기여한 여상, 즉 강태공 또한 그가 섬겼던 문왕이나 무왕과는 다른 민족 출신이다. 건숙과 백리해도 다른 나라 출신으로 진(秦)나라 목공을 섬겼던 인물이다. 범려는 문종과 함께 월왕 구천을 도와 부국강병을 이루어 오나라를 멸망시켰으나, 구천과는 더 이상 함께할 수 없음을 알고 월나라를 떠나 제나라 땅으로 가서 장사를 하며 재부를 모았다. 반면에 떠나지 않고 남아 있던 문종은 구천에게 죽임을 당해 '토사구팽(兎死狗烹)'이라는 고사성어의 주인공이 되어버렸다.

후직이나 여상, 건숙, 백리해 등의 경우로 알 수 있듯이, 이른바 선비는 자신의 뜻을 받아들여 주고 함께 일을 도모할 수 있다고 판단하면 어느 나라에서든 어느 군주 밑에서든 자신의 능력과 지혜를 기꺼이 발휘했다. 군주의 입장에서 보자면, 훌륭한 인재라면 그들의 출신이 어디든 가릴 필요가 없었다. 출신을 따져 배척했다가는 대업을 이루게 해줄 인재를 놓치기 십상이기 때문이다. 인재를 놓치면 과연 누구에게 손해가 되겠는가?

진시황을 섬겼던 이사(李斯)도 쫓겨날 처지에 놓인 적이 있었다. 이 일도 모두 이민자 또는 난민을 받아들여서 일어난 일이다. 한(韓)나라의 정국(鄭國)이라는 자가 진나라에 와서 왕에게 농토에 물을 댈 수 있는 운하를 만들어야 한다고 유세했다. 그 말대로 하면 농업 증산이 이루어져 부유해질 수 있었으므로 왕은 수용했다. 그리하여 거대한 관개수로 사업이 시작되었다. 그런데 이 수리 사업이 실은 진나라를 쇠약하게 해서 한나라를 침략하지 못하도록 하려는 음모라는 것이 발각되었다. 진나라에서는 정국을 잡아 죽이려 했으나, 결국 그를 살려주어 완공하게 했다. 이 일로 왕족들과 대신들은 다른 나라에서 온 빈객들을 내쫓아야 한다고 진언했고, 왕도 이를 받아들여 '축객령(逐客令)'을 내렸다. 이에 이사가 글을 올려 이렇게 말했다.

신이 듣건대, 관리들이 빈객을 내쫓을 것을 논의하고 있다는데, 이는 잘못된 일이라 생각됩니다. 옛날 목공은 인재를 구하여 서쪽으로는 융(戎)에서 유여(由余)를 데려왔고, 동쪽으로는 완에서 백리해를 얻었으며, 송에서 건숙을 맞이하였고, 진(晉)나라에서는 비표(丕豹)와 공손지(公孫支)를 오게 했습니다. 이 다섯 사람은 진나라에서 태어나지 않았으나, 목공은 이들을 중용하여 스무 나라를 병합하고 드디어 서쪽의 우두머리가 되었습니다.

효공이 상앙의 변법을 채용하여 풍속을 바꾸자 백성이 번영하고 나라가 부강해졌으며, 백성은 기꺼이 부역하고 제후들은 복종했으며, 초나라와 위나라의 군사를 깨뜨리고 넓힌 땅이 천 리가 넘었습니다. 그래서 지금까지 잘 다스려지고 부강합니다. …

그런데 지금은 사람을 쓰면서 그렇게 하지 않습니다. 그 사람됨이 옳은지 그른지를 묻지 않고 굽은지 곧은지를 따지지 않은 채 진나라 사람이 아니면 물리치고 빈객이면 내쫓으려 합니다. 그렇다면 이는 여색이나 음악이나 주옥(珠玉)은 소중히 하면서 선비와 백성은 가벼이 여기는 것입니다. 이는 천하에 군림하여 제후들을 제압하는 술책이 아닙니다."

—『사기』「이사열전」

이사는 진나라가 부국강병을 이루며 오래도록 강성할 수 있었던 이유로 다른 나라에서 온 인재들을 기꺼이 발탁해서 쓴 일을 들었다. 말하자면, 난민을 받아들이고 그들 가운데 뛰어난 자를 잘 가려서 썼다는 것이다. 이는 포용과 관용의 정책을 썼다는 뜻이다. 사실 인재를 얻기 위해서가 아니더라도 다른 나라의 백성들을 받아들이는 것은 그대로 정치가 잘 이루어지고 있으며 또 부강하다는 것을 의미하는 일이기도 하다. 생각해보라. 잘 사는 나라, 정치가 잘 되는 나라로 이주하지, 못 사는 나라, 혼란스런 나라로 이주하겠는가?

진시황에게 축객령을 내리도록 부추긴 왕족들이나 대신들은 알고 보면 기득권 세력이다. 그들은 새로운 인물들, 특히 다른 나라에서 온 뛰어난 인재가 자신들을 밀어내고 권세를 누리는 것이 마뜩찮았다. 그들은 오로지 자신들의 권세를 유지하고 누리는 데에 관심이 있었을 뿐, 진정으로 백성들을 위하고 나라를 부강하게 만드는 데에는 그다지 신경을 쓰지 않았다. 효공이 상앙을 절대적으로 신임한 까닭이 거기에 있다. 효공이 죽은 뒤에 상앙이 모함을 받아 죽게 된 것도 변법을 실행하면서 그들의 권세를 누르고 권력에서 배제했던 원한 때문이었다.

제국의 철학은 대동(大同)이다

온(溫) 땅 사람이 주(周)나라에 갔는데, 주나라에서는 다른 나라 사람을 받아들이지 않았다. 관리가 그에게 물었다.

"다른 나라 사람이오?"

"이 나라 사람이오!"

마을 사람들에게 물었더니, 아무도 그를 알지 못했다. 관리가 그를 잡아다 가두었다. 주나라 군주가 사람을 시켜 물었다.

"그대는 주나라 사람이 아닌데도 스스로 다른 나라 사람이 아니라고 말했다. 왜 그렇게 말했는가?"

그가 대답했다.

"신은 젊을 때 『시경』의 시에 나온 '온 하늘 아래 왕의 땅 아닌 곳 없고, 모든 땅 끝까지 왕의 신하 아닌 자 없다'는 구절을 외웠습니다. 이제 군주께서는 천자이시고, 나는 천자의 신하입니다. 그러니 어찌 한 사람의 신하이면서 동시에 다른 나라 사람이 될 수 있겠습니까? 그래서 주나라 사람이라고 한 것입니다."

군주는 그를 풀어주라고 했다. —「설림 상」

1909년 10월 26일 오전 9시, 이토오 히로부미가 탄 기차가 하얼빈에 도착했다. 이토는 러시아 제국의 재무장관인 코코프체프와 열차 안에서 회담을 가졌고, 9시 30분경 러시아 군대의 사열을 받기 위해 하차했다. 사열을 마치고 열차로 돌아가던 이토오는 저격을 당했다. 열차로 옮겨졌으나, 다시 살아나지 못했다. 그를 저격한 이는 조선의 안중근(安重根, 1879~1910)이었다.

안중근이 이토오를 저격한 데에는 참으로 당당한 이유들이 있었다. 체포된 뒤 재판 과정에서 밝힌 이유들은 한국의 명성황후를 시해한 죄, 고종을 폐위한 죄, 무고한 한국인들을 죽인 죄, 철도, 광산, 산림, 천택 등을 강제로 빼앗은 죄 등등 모두 열다섯 가지였다. 그러나 단순히 민족주의자로서 이토오를 죽인 것이 아니었다. 그는 떳떳하게 말했다.

"내가 이토오를 죽인 이유는 이토오가 있으면 동양의 평화를 어지럽게 하고 한일 간이 멀어지기 때문에 한국의 의병 중장의 자격으로 죄인을 처단한 것이다. 그리고 나는 한일 양국이 더 친밀해지고 또 평화롭게 다스려지며, 나아가서 오대주에도 모범이 돼줄 것을 희망하고 있었다. 결코 나는 오해하고 죽인 것은 아니다."

1910년 2월 14일, 안중근은 뤼순(旅順) 관동도독부 지방법원에서 사형 선고를 받았다. 3월 26일에 사형이 집행되었다. 그 사이 옥중에서 안중근은 『동양평화론(東洋平和論)』을 집필했다. 미완성으로 끝난 이 책은 동양평화의 실현을 간절히 염원한 그의 철학을 담고 있다. 비록 식민지가 된 조국을 위해 의병장이 되었으나, 그는 일본을 나아가 동양을 껴안으려 했다. 그는 "천하의 넓은 집인 어짊에 머물고 천하의 바른 자리인 예의에 서며, 천하의 크낙한 도를 행하되, 뜻을 펼 기회를 얻으면 백성들과 함께 그 길을 가고, 뜻을 펼 기회를 얻지 못하면 홀로 그 도를 행한다. 부귀도 그 뜻을 어지럽힐 수 없고 빈천도 그 뜻을 바꾸지 못하며 위세와 무력도 그 뜻을 굽힐 수 없는 자, 그를 일러 대장부라 한다"(『맹자』「등문공하」)고 맹자가 말한 그런 '대장부'였다.

청말(淸末)의 정치가이자 학자인 강유위(康有爲, 1858~1927)는 서구의 침탈을 목도하면서 중국의 장래를 걱정하여 『대동서(大同書)』(1884)를 지었다. 그도 국난을 슬퍼하고 민생에 애통해했으나, 중국을 위해서 다른 나라를 적대시하지는 않았다. 그는 인간이면 누구나 겪는 고통을 말하면서 '국경 없고 계급차별 없고 인종차별 없고 남녀차별 없는 세계'를 이야기했다. 당시로서는 결코 이루어질 수 없는 유토피아로 치부될 수 있었으나, 이제 보라! 비록 아직도 갈 길은 멀지만, 백 년 전보다는 훨씬 나아지지 않았는가. 불가능하고 부질없는 짓이라면서 지레 물러서지 않는다면, 또 한 걸음 나아갈 수 있지 않겠는가.

'대동'은 『예기』「예운(禮運)」편에서 온 말이다. 공자가 말한 것으로 나오는데, "(크낙한 도가 행해지는 세상에서는) 재화를 헛되이 내버리는 것을 미워하지만 반드시 자기에게만 사사로이 갈무리하지 않았으며, 힘은 사람의 몸에서 나오지 않으면 안 되지만 그것을 자기를 위해서만 쓰지 않았다. 이러했으므로 간사한 꾀가 막혀 일어나지 않았고, 도적들이 어지러이 나오지 않았다. 그래서 문을 잠그는 일이 없었다. 이를 '대동'이라 한다"고 한 것이 그것이다. 비록 아득한 옛적의 일을 그리워하듯이 한 말이지만, 모든 인류가 바라는 세상이 아닌가? 그리고 지금까지 인류는 그런 세상을 꿈꾸며 오지 않았던가? 그러니 어찌 그런 세상을 위해 머뭇거릴 것인가?

아래는 안중근 의사가 옥중에서 쓴 칠언절구다.

東洋大勢思杳玄, 有志男兒豈安眠?
和局未成猶慷慨, 政略不改眞可憐!

동양 대세를 생각해보면 암담하기만 하니
뜻을 세운 대장부 어찌 편히 눈 감으리오?
동양 평화 이루어지지 않아 의분이 이는데
침략 정책 못 버린 일본이 참 불쌍하구나!

27

새로운 제국을 꿈꾸면서

"국민국가의 힘은 결코 군사력으로만 구성되는 것이 아니라 경제적 · 기술적 자원과 기민한 외교정책 수행과 선견지명, 결단력 그리고 능률적인 사회적 · 정치적 조직으로 구성된다. 그것은 무엇보다도 그 나라와 국민, 그들의 기량 · 활력 · 야심 · 기강 · 자발성 그리고 신념과 신화와 환상으로 구성된다. 그리고 이러한 모든 요인들이 상호작용하는 방식에 의해서도 구성된다. 게다가 국력은 그 자체만의 절대적 범위 안에서만 고려될 것이 아니라 국가의 외교적 의무나 제국주의적 의무에 대한 상대적 관점에서 고려되어야 한다. 그리고 다른 국가들과의 상대적 차원에서도 고려되어야 한다." — 코렐리 바네트(Correlli Barnett)의 『영국의 붕괴(The Collapse of British Power)』

제국의 속성은 무엇인가

오늘날 널리 쓰이는 '제국'은 "통치, 명령"의 뜻을 담고 있는 라틴어 임페리움(imperium)에서 나왔는데, 임페리움은 장군이 명령할 수 있고 이 명령이 통용되는 영토를 뜻했다. 기원후 1세기경에 '임페리움 로마눔(imperium Romanum)'은 로마가 지배하는 광대한 영토를 뜻했다. 그런데 이 용어는 15세기 이후로 군사적 이점을 앞세워 착취와 수탈을 위해 강압적으로 지배하는 형태를 뜻하게 되었다.

1494년 6월 7일, 에스파냐의 아라곤 왕국 국왕 페르난도 2세(Fernando Ⅱ, 1452~1516)와 카스티야의 여왕 이사벨(Isabel Ⅰ, 1451~1504), 그리고 포르투갈의 국왕 주앙 2세(John Ⅱ, 1455~1495) 사이에 협정이 체결되었는데, 이를 '토르데시야스 조약(Treaty of Tordesillas)'이라 한다. 에스파냐와 포르투갈 왕국 사이에서 아메리카 땅의 새로운 경계선을 카보베르데(Cabo Verde) 제도에서 서쪽으로 370레그아(league=약 5km) 떨어진 지역에 남북으로 선을 긋고 선의 서쪽은 에스파냐에, 선의 동쪽은 포르투갈에 속한다는 내용이다. 이 조약은 에스파냐의 지원을 받은 콜럼버스가 아메리카 대륙을 발견하고 귀국한 즉시 교황 알렉산드르 6세(Alexander Ⅵ, 1431~1503)에게 새로 발견한 지역, 즉 아메리카와 그 서쪽 모두가 에스파냐 영토임을 인정해 달라고 요청한 데서 비롯되었다.

이 조약에 따라 에스파냐는 남아메리카에서 브라질을 제외한 서쪽의 영토에 대해 지배권을 확보하였고, 피사로(Francisco Pizarro, 1475?~1541)를 비롯한 정복자들에게 정복과 약탈, 착취의 권리를 위임했다. 그리고 교황이 조약의 내용을 인정해줌으로써 정복자들에게 폭력을 사용할 정당한 권리를 신의 이름으로 부여해준 셈이 되었다. 실제로 에스파냐를 대표하여 신세계를 마주한 자들은 교황께서 땅을 하사하셨노라고 선언하면서 이런 성명서를 읽어 내려갔다.

"하느님이 보우하사 우리는 너희들의 나라에 강력한 힘으로 밀고 들어갈 것이요, 너희들에 맞선 전쟁을 수행할 것이다. … 그리고 교회와 에스파냐 폐하의 이름으로 너희들에게 재갈을 물리고 너희들의 복종을 이끌어낼 것이다. 우리는 너희들과 너희들의 아내 그리고 너희들의 자식을 취할 것이고, 이들을 노예로 삼아서 폐하가 명하시는 대로 그들을 팔고 처분할 것이다. 또한 우리는 너희들의 재산을 빼앗을 테고, 우리가 할 수 있는 한 모든 재앙과 손해를 너희들에게 끼치리라."

잉카 제국을 무너뜨린 피사로 일파는 결코 채워지지 않을 탐욕과 폭력, 약탈을 이것으로 정당화했다. 그들에게 아메리카 원주민들은 한낱 약탈과 착취의 대상일 뿐이었다. 당시 도미니크회의 프란시스코 데 비토리아(Francisco de Vitoria, 1483~1546)는 에스파냐가 아메리카에서 어떤 폭력을 저질렀는지를 폭로했다.

"이 악마들은 행복한 생활이 영위되고 있는 400레그아 이상의 토지—위대하고 감탄할 만한 자치제, 40레그아의 긴 계곡, 즐거운 마을, 금이 풍부한 대촌락—를 황폐화시키고 파괴했으며 사람들을 죽였다. 이 가공할 비참한 운명을 피하여 동굴이나 땅속으로 도망간 소수의 사람들 이외에는 이 이야기를 전할 수 있는 사람은 남아 있지 않았다. 그들은 이 위대하고 다양한 민족들을 학살하고 섬멸했다. 이리하여 그들은 잔

학무도한 갖가지 새로운 낯선 방법을 구사하여 이들 순진무구한 사람들을 4백만에서 5백만(추정)이나 도륙했다."

제국주의는 살아 있다

이렇게 무력을 앞세워 폭력과 약탈, 착취를 저지른 에스파냐의 행태는 이후에도 네덜란드와 영국, 프랑스, 일본, 나치 독일 그리고 미국 등으로 이어져 제국의 본성 또는 특성을 이루었다. 이들 제국은 경제와 기술, 군사력에서도 앞선 점은 있으나, 본질적으로는 탐욕과 공격성, 인종주의 등에서 창출되었다. 탐욕과 공격성, 인종주의는 코렐리 바네트가 말한 "신념과 신화와 환상"과 어우러져 극대화되었다고 해도 과언은 아니다.

제국이라 불릴 나라가 거의 사라진 지금에는 그러한 관념도 퇴색되었다고 말할지 모르나, 전혀 그렇지 않다. 인간에게는 호리지성(好利之性) 즉 "이익을 좋아하는 본성이 있다"고 본 법가 사상가들의 통찰은 여전히 타당하고, 그런 성향은 저 패권주의를 앞세운 제국을 통해 극대화되었으며 이 시대에도 여전히 작동하고 있다. 멀리 갈 것 없이, 미국의 이라크 공격을 보라.

2001년 9월의 테러 공격을 빌미로 미국은 이라크를 공격하여 사담 후세인을 전복시켰다. 그러면서 백악관은 단호하게 선언했다.

"우리에게는 아무런 영토적 야심이 없고, 우리는 제국을 추구하지 않는다. 우리 국민은 우리 자신과 타인들을 위해서 자유에 헌신한다."

미국이 19세기 이전의 제국들과는 분명히 다른 방법과 몸짓을 취하기는 했으나, 이라크 국민들의 정서나 판단을 전혀 고려하지 않고 일방적으로 통치하려 했다는 데서 결국 제국주의자의 면모를 여지없이 드러냈다. 2003년에 조지 부시 대통령이 야만적 폭군으로부터 이라크인들을 해방시킬 것이라고 약속했지만, 그것은 1917년에 영국 제국을 위해 이라크를 정복한 스탠리 모드 장군이 바그다드 시민들에게 자신의 부대가 "정복자나 적으로서가 아니라 해방자로서 왔다"고 한 말과 조금도 다르지 않았다. 과연 역사는 돌고 도는 것인가? 이라크는 또 어찌 같은 역사를 되풀이했는가?

조지프 슘페트(Joseph Shumpeter)는 『제국주의와 사회계급』에서 로마제국에 대해 이렇게 썼다.

> "로마는 세상 모든 구석구석에서 자신의 이익이 위험에 처해 있거나 공격을 받고 있다고 우겼다. 로마의 이익이 아니라면 그 동맹의 이익이었다. 동맹이 없을 때는 동맹을 억지로 창조해냈다. 위협받고 있는 로마의 이익이 무엇인지 도저히 생각해낼 수 없을 때는 로마의 명예가 모욕을 당했다고 둘러댔다. … 로마는 언제나 사악한 이웃들에 의해 공격받고 있었던 것이다."

오늘날 미국의 모습과 어쩌나 그렇게 흡사한지. 아마도 한국을 비롯한 많은 나라의 국민들은 20세기 들어 미국이 되풀이해서 만들어낸, 자유와 민주주의를 수호하는 국가로서 이미지에 현혹되어 있어 그 제국주의적 본성을 선뜻 믿으려 하지 않을지도 모른다. 특히 미국의 군사적·경제적 원조를 받으면서 미국을 통해 경제적으로 성장한 한국 국민들은 더욱 그런 이미지에 젖어 있을 것이다. 그러나 이제는 깨어나야 한다. 미국은 이라크 전쟁에서 천문학적인 비용(2008년 기준으로 대략 3조 달러)을 들였다. 그 이유가 무엇이겠는가?

"편안하고 이로운 데로 나아가고 위태롭고 해로운 데서 떠나려는 것이 사람의 마음이다. 그런데 지금 신하가 되어 힘을 다해서 공을 이루고 지혜를 다해서 충성을 보여주려는 자는 그 몸이 고달프고 집안은 가난하며 아비와 자식이 함께 해를 입고 있다. 반면에 남몰래 간사한 짓을 하며 군주의 이목을 가리고 뇌물을 써서 중신들을 섬기는 자는 그 몸이 존귀해지고 집안은 부유해지며 아비와 자식이 온갖 혜택을 입고 있다. 그러니 사람이 무엇 때문에 편안하고 이로운 길을 버려두고 위태롭고 해로운 곳으로 나아가려 하겠는가?" —「간겁시신」

간사한 자와 마찬가지로 제국주의를 버리지 못한 국가의 행태도 그 겉모습과 속내가 다르다. 이를 간파하지 못하면, 식민지 아닌 식민지의 국민으로 살게 될지 모른다. 이라크가 백 년도 채 되지 않은 동안에 두 차례나 똑같이 제국(영국과 미국)의 침략을 받고 허울뿐인 선언을 들어야 했던 것처럼 말이다.

『한비자』에서 새로운 제국을 구상하자

1·2차 세계대전을 거치는 동안 민족주의가 강력하게 대두함으로써 저 폭압적인 제국과 제국주의는 역사의 뒤안길로 사라지는 듯했지만, 그렇게 되지 않았다. 제국도 제국주의도 여전히 살아 있다. 특히 20세

기 후반부에 전 세계적 차원의 문화, 상업, 투자, 이민의 그물망이 가속적으로 팽창하면서 특정한 국가나 국경에 한정되지 않고 그 경계를 넘나드는 힘들에 의해 또 다른 제국과 제국주의가 꿈틀대고 있다. 그래서 여전히 제국을 말한다. 그렇다고 저 폭압적이고 패권주의적인 제국을 지향하자는 것은 아니다.

전혀 다른 제국을 구상해야 한다. 인종이나 민족, 이념이나 빈부 따위로 차별하지 않고 누구나 자유롭게 살아갈 수 있는 나라로서 '열린 제국'이어야 한다. 착취와 수탈을 일삼거나 폭압을 저지르거나 불평등을 조장하는 제국이 아니라, 관용과 평등, 다양성과 공존의 가치를 실현하는 제국이어야 한다. 이를 위해서는 개인이나 정부, 민족, 국가 따위에 대한 낡은 관념을 과감하게 버려야 한다.

우리는 유가적 사유, 특히 성리학적 관념으로부터 대담한 일탈을 시도해야 한다. 그리고 다양한 사상, 다양한 사유를 열린 마음으로 한껏 들이마셔야 한다. 이제껏 『한비자』를 거론한 이유도 여기에 있다. 조선조 성리학자들이 배척했으나, 어떤 고전보다 긴요하고 또 유학이나 성리학이 결여한 것을 채워주는 데 유용한 사유를 품고 있기 때문이다. 물론 『한비자』 자체가 대안은 아니다. 『한비자』는 대안을 모색하는 출발점이요 장대한 기획의 불씨일 뿐이다.

『한비자』를 통해 제국을 말하면서 한국의 정치와 경제, 외교 등을 두루 살피며 비판을 해왔다. 또 무슨 말을 덧붙이는 것은 사족에 지나지 않을 터. 그래서 한비가 간절하게 했던 말로 마무리를 대신하고자 한다.

"제가 죽음을 무릅쓰고 대왕을 뵈려 한 것은 천하 제후들의 합종을 깨뜨리고 조나라를 빼앗고 한나라를 멸망시키고 초나라와 위나라를 신하로 삼고 제나라와 연나라를 내 편으로 만들어서 패왕의 명성을 이루어 사방의 제후들로 하여금 조공을 들게 할 방도를 말씀드리고자 해서입니다. 대왕께서 저의 의견을 들어보시고 단번에 천하 제후들의 합종을 깨지 못하거나 조나라를 빼앗지 못하고 한나라도 멸망시키지 못하고 초나라와 위나라를 신하로 삼지 못하고 제나라와 연나라를 내 편으로 만들지 못해서 패왕의 명성을 이루지 못하여 사방의 제후들로 하여금 조공을 들게 하지 못한다면, 저를 참형에 처한 뒤에 군주를 위해 불충하게 일을 꾀한 자임을 온 나라에 두루 알리십시오." —「초견진(初見秦)」

한비자, 제국을 말하다

초판 1쇄 발행 2016년 3월 21일

지은이 정천구
펴낸이 강수걸
편집장 권경옥
편집 정선재 양아름 윤은미 문호영
디자인 권문경 박근아
펴낸곳 산지니
등록 2005년 2월 7일 제14-49호
주소 부산광역시 연제구 법원남로15번길 26 위너스빌딩 203호
전화 051-504-7070 | 팩스 051-507-7543
홈페이지 www.sanzinibook.com
전자우편 sanzini@sanzinibook.com
블로그 http://sanzinibook.tistory.com

ISBN 978-89-6545-343-7 04150
978-89-6545-169-3(세트)

*책값은 뒤표지에 있습니다.
*이 도서의 국립중앙도서관 출판예정도서목록(CIP)은 서지정보유통지원시스템 홈페이지(http://seoji.nl.go.kr)와 국가자료공동목록시스템(http://www.nl.go.kr/kolisnet)에서 이용하실 수 있습니다.(CIP 제어번호: CIP2016005883)

논어, 그 일상의 정치
정천구 지음 | 신국판 664쪽

정확한 주석과 새로운 해석으로 만든 또 하나의 〈논어〉 주석서
20편에 이르는 논어 전편을 아름다운 순우리말로 번역했다.

진화와 윤리 고전오디세이 01
토마스 헉슬리 지음 | 이종민 옮김 | 신국판 양장 192쪽

19세기 자유주의 과학인의 멘토 토마스 헉슬리의 윤리 선언
유럽사회의 거대한 전환이 일어나던 19세기 후반, 자유방임적 진화를 내세운 자본의 폭력으로부터 인간사회를 보호하기 위한 윤리 선언. 과학발전에 따른 윤리의 문제를 제기한 책.

맹자독설 고전오디세이 02
정천구 지음 | 국판 268쪽

과거와 현재를 관통하는 고전의 힘
『맹자』를 통해 오늘날 한국사회의 병증을 짚어보는 새로운 고전해설서. 고전을 '인생의 지침서' 쯤으로 여기는 기존의 틀을 깨면서, 정치 · 사회 · 교육 등 사회 전반의 문제들을 예리하게 분석한다. 시의성과 보편성을 동시에 갖춘, 날카로운 고전의 맛을 느낄 수 있는 책.

삼국유사, 바다를 만나다 고전오디세이 03 *2013 대한출판문화협회 청소년도서
정천구 지음 | 신국판 변형 292쪽

인문의 바다, 민중의 바다, 이야기의 바다를 항해하다
삼면이 바다로 둘러싸인 지리적 특성상 한반도의 역사를 바다와 떼놓고 생각하기는 어려울 것이다. 『삼국유사』 중 바다를 소재로 한 이야기를 추려낸 책.

중용, 어울림의 길 고전오디세이 04
정천구 지음 | 신국판 340쪽

『논어』 『맹자』 『순자』 『예기』와 어우러진 새로운 『중용』을 읽다
『중용, 어울림의 길』은 중용 본연의 내용에 충실할 뿐만 아니라 『중용』이 어떤 과정을 거쳐 고전이 되었으며 저자는 누구인지 등 우선 그 근본을 묻고 답함으로써, 처음 읽는 사람은 물론 이미 『중용』을 안다고 생각하는 독자들까지 불러 세운다.

맹자, 시대를 찌르다 고전오디세이 05 *2014 부산문화재단 우수도서
정천구 지음 | 신국판 608쪽

아름다운 순우리말 번역의 새로운 맹자 주석서
명료하고 쉬운 원문 번역과 주석, 풍성하고 깊이 있는 해설을 통해 맹자 사상의 핵심인 어짊(仁)과 의로움(義)의 본질, 난세 속에서도 사람의 본성은 선하다고 믿은 맹자의 참뜻을 이해할 수 있다.

한비자 고전오디세이 06
한비 지음 | 정천구 옮김 | 신국판 568쪽

쉽고 명료한 번역으로 접하는 인간사의 실상과 이치
이 책은 정천구 선생의 정확하고 명료한 번역으로 원문과 주석 없이도 누구나 쉽게 내용을 이해할 수 있도록 하는 데에 중점을 두었다. 『한비자』는 한 개인, 기업, 국가가 어지러워졌을 때, 다시 바로잡을 수 있는 토대를 마련하는 데에 긴요한 방침과 방책들을 일목요연하게 서술해놓은 책으로 현대인들에게 더없이 유익한 고전이다.

한비자, 제국을 말하다 고전오디세이 07
정천구 지음 | 신국판 256쪽

통치술의 고전 한비자를 통해 한국 사회를 진단하다
『한비자』의 해석을 바탕으로 정치, 경제, 문화 모든 분야에서 점점 더 복잡한 형세를 띠고 있는 현상들을 살펴보고 현재의 문제점들을 발견한다. 특히 오늘날의 문제들에 대해 『한비자』의 맹목적 답습보다는 현재를 보는 꼬투리로 삼으며 재해석하여 이 시대를 찬찬히 들여다보는 실마리를 제공한다.